Canções

Supervisão editorial J. Guinsburg
Projeto gráfico e capa Sergio Kon
Edição de texto Luiz Henrique Soares e Elen Durando
Revisão de provas Marcio Honorio de Godoy
Produção Ricardo W. Neves, Sergio Kon e Lia N. Marques

 ESTA OBRA CONTOU COM O APOIO DE
MARCOS MEIRA ADVOGADOS

CIP-Brasil. Catalogação na Publicação
Sindicato Nacional dos Editores de Livros, RJ

R331C
   Rennó, Carlos
   Canções / Carlos Rennó. - 1. ed. - São Paulo : Perspectiva, 2018.
   352 p. ; 23 cm.

   ISBN 9788527311311

   1. Música popular - Brasil. I. Título.

18-51597   CDD: 782.42160981
                   CDU: 784.4(81)

Vanessa Mafra Xavier Salgado - Bibliotecária - CRB-7/6644
03/08/2018   08/08/2018

Direitos reservados à

EDITORA PERSPECTIVA LTDA.

Av. Brigadeiro Luís Antônio, 3025
01401-000 São Paulo SP Brasil
Telefax: (11) 3885-8388
www.editoraperspectiva.com.br
2018

Carlos Rennó

Canções

PERSPECTIVA

Sumário

PARA LER OUVINDO

8   Miscelânea [Álbum Digital]

11   Agradecimentos
13   Pelo Conjunto da Obra [José Miguel Wisnik]
17   Poesia e Música Num Só Ser [Marcelo Tápia]

LETRAS

27   Nesse ambiente exuberante
      Amor e Guavira [29]; Cuiabá [30]; Na Chapada [31]; Olhos de Jacaré [32]; Cururu [33]; Pássaros na Garganta [34]; Riacho [35]

37   Onde vamos parar?
      Esse Rio [39]; Terra Desolada [41]; É Fogo! [42]; Tá? [44]; Para Onde Vamos? [45]; Isso É Só o Começo [46]; Quede Água [47] Quede Água, Quede? [52]; Reis do Agronegócio [53]; Demarcação Já [56]; Hidrelétricas Nunca Mais [62]

65   Are we alone in the universe?
      Mirante [67]; Visão da Terra [68]; Coração Cosmonauta [69]; Solidão Cósmica [70]; Signs of Life on Mars [72]

75   O que dizer do indizível
      Átimo de Pó [77]; Experiência [78]; Show de Estrelas [81]; O Momento [82]; Milagre [83]

85   Um quarteto de cenas paulistanas e cariocas
      Ronda 2 [87]; O Jequitibá [89]; Não Dá Pé [90]; Rio Moderno [92]

95   Nosso destino e direção
>   Ecos do "Ão" [97]; Quadro Negro [99]; Repúdio [100]; Idade Média Moderna [101]; Manifestação [103]; Nenhum Direito a Menos [107]

109   Com o auxílio da filosofia
>   Samba de Amor e Ódio [111]; Vivo [112]; Vivo [113]; Envergo, Mas Não Quebro [114]; Lema [116]; O Pássaro Pênsil [118]

121   Uma única musa
>   Todas Elas Juntas Num Só Ser [123]; Todas Elas Juntas Num Só Ser – Número 2 [127]; Todas Elas Juntas Num Só Ser – Número 3 [131]; Todas Elas Juntas Num Só Ser – Número 4 [135]; Todas Elas Juntas Num Só Ser – Final [139]

141   Mais nomes, amores, enumerações
>   Lud [143]; Caterina [144]; Verônica [145]; Luzia Luzia [146] A Lua [148]; Sá [149]; Canção Pra Ti [150]

153   Por não poder não amar
>   Partas Não [155]; Baião Pra Uma Baiana em São Caetano [156]; Nova Trova [157]; Te Adorar [158]; Pronto Pra Próxima [159]; Coração Sem Par [160]; Mundo em Expansão [162]

163   Amores, eros
>   Nus [165]; Nós [166]; eu gosto do meu corpo [167]; Mais Que Tudo Que Existe [168]; Todas las Cosas Que Están en el Mundo [169]; Mar e Sol [170]; Sexo e Luz [172]

175   Amores pornôs (& rimários irados)
>   Meu ABC [177]; Ceia de Natal [178]; Doce Loucura [179]; Com Você, Sem Você [180]; Eu Pra Você, Você Pra Mim [182]; Minha Preta [184]

187   Um quarteto de cantadas
>   So Cool [189]; Eu Vou Escrever um Livro [190]; Pintura [191]; Fogo e Gasolina [192]

193 Uma só pessoa (canções de casamento)
: Escrito nas Estrelas [195]; Quando Eu Fecho os Olhos [196]; Nossos Momentos [197]

199 Amar sem
: Só [201]; Antes Que Amanheça [202]; Lágrima [203]; Dói... Dói... [204]; Cisma [206]

207 Em outra pele
: Hasta! [209]; Mille Baci [211]; Segunda Pele [212]; Amando [214]; O Laço Que Une Eu e Você [216]

217 Outras personas
: Seta de Fogo (A Canção de Teresa) [219]; eu disse sim [221]; Esteticar (Espinha Dorsal) [222]; To Be Tupi [223]; O Anticlichê [225]

227 Da música, do som, do canto, da canção, do carnaval
: Canto, Logo Existo [229]; Meu Nome É Galáxia [231]; A Minha Lógica [232]; Exaltação dos Inventores [234]; Outros Sons [236]; Êh Fuzuê [237]; À Meia-Noite dos Tambores Silenciosos [238]; Mundo Paralelo [239]

241 Mixcelânea
: A Europa Curvou-se Ante o Brasil [243]; Crisálida-Borboleta [244]; Suaí [245]; A Fêmea, o Gêmeo [248]; Cheia de Graça [249]; Vó [251]

253 Transporter
: *The Laziest Gal in Town* | A Moça Mais Vagal da Cidade [254-255]; *Let's Do It (Let's Fall in Love)* | Façamos (Vamos Amar) [256-257]; *I Get a Kick Out of You* | Eu Só Me Ligo em Você [262-263]; *Night and Day* | Noite e Dia [264-265]; *It's De-Lovely* | Que De-lindo [266-267]; *At Long Last Love* | Enfim, o Amor [268-269]

271 O senhor Palavras, em nossas palavras
Fascinating Rhythm | Fascinante Ritmo [272-273]; *Oh, Lady, Be Good!* | Ó, Dama, Tem Dó [276-277]; *Someone to Watch Over Me* | Quem Tome Conta de Mim [278-279]; *The Babbitt and the Bromide* | O Bobo e o Babaca [280-281]; *I've Got a Crush on You* | Tenho um Xodó Por Ti [284-285]; *Blah, Blah, Blah* | Blablablá [288-289]; *Embraceable You* | Abraçável Você [290-291]; *A Foggy Day (In London Town)* | Um Dia de Garoa (Em São Paulo) [292-293]

295 H(e)art vertido
Lover | Nêgo [296-297]; *My Romance* | Meu Romance [298-299]; *I Wish I Were in Love Again* | Queria Estar Amando Alguém [300-301]; *Bewitched, Bothered and Bewildered* | Encantada [304-305]

311 Mais canções, versões
Strange Fruit | Fruta Estranha [312-313]; *Ol'Man River* | Sábio Rio [314-315]; *How Deep Is the Ocean* | Tão Fundo É o Mar [318-319]; *Over the Rainbow* | Mais Além do Arco-íris [320-321]; *Nanna's Lied* | A Canção de Nana [322-323]; *Rheinlegendchen* | Uma Lenda do Reno [326-327]

329 Versões: o caminho inverso
Noite Cheia de Estrelas | Star-Filled Night [330-331]; *Coração Materno* | Mother's Heart [332-333]; *O Drama de Angélica* | The Tragedy of Angelica [334-335]

343 Créditos das Canções
347 Créditos Editoriais

Para Ler Ouvindo

Miscelânea_álbum digital
[AGÊNCIA TRAMPO_publicação dos streamings]

1. Eu Vou Escrever Um Livro [p. 190]
Luiz Tatit (voz e violão)

2. Doce Loucura [p. 179]
Marcelo Jeneci (voz e violão)

3. Caterina [p. 144]
Cacá Machado (voz e violão)
Gilberto Monte (guitarra)

4. Luzia Luzia [p. 146]
Jota Veloso (voz) e Guito Argolo (voz e violão)

5. Verônica [p. 145]
Marcelo Jeneci (voz e violão)

6. Todas Elas Juntas Num Só Ser – Número 3 [p. 131]
Felipe Cordeiro (voz, guitarra e programação)

7   Eu Pra Você, Você Pra Mim [p. 182]
Geronimo Santana (voz e violão) e
Edfran (percussão)

8   Com Você, Sem Você [p. 180]
Edu Krieger (voz, violão, guitarra,
baixo e programação)

9   Dói... Dói... [p. 204]
Zeca Baleiro (voz e violão)

10   Star-Filled Night [p. 331]
Marcelo Tápia (voz) e
Daniel Tápia (violão)

11   Solidão Cósmica [p. 70]
Cecília Stanzione (voz), Mário Cève
(flauta e arranjo) e Adriano Souza
(piano acústico e elétrico)

12   Para Onde Vamos? [p. 45]
Beto Villares (voz e violão) e Dustan
Gallas (violão, piano e teclados)

13 Signs of Life on Mars [p. 72]
Antonio Pinto (voz e instrumentos);
Ensemble São Paulo (quarteto de cordas)

Tadeu Jungle e Fred Rahau Mauro (videoclipe)

14 Quede Água, Quede? [p. 52]
Chico César (voz e violão)

15 Vó [p. 251]
Vicente Barreto (voz e violão)

16 Idade Média Moderna [p. 101]
Pedro Luís (voz e violão)

17 The Tragedy of Angelica [p. 334]
Hique Gomez (voz e teclado)

para ouvir as canções gravadas, acesse:
www.carlosrenno.com

Agradecimentos

A todos os meus parceiros.

A Marcos Meira, Washington Olivetto, José Roberto Bruno, Caio Cavariani, Bob Wolfenson, Toni Nogueira, Marcelo Tápia, e Juca Novaes.

A Aldo Brizzi, Alfredo Manevy, André Vallias, Cacá Rosset, Charles Perrone, Chiara Civello, Christopher Dunn, Claudio Leal, Daniel Bernardinelli, Eveline Alves, Glauco Mattoso, Guto Ruocco, Halley Maroja, Ian Drummond Rennó, Iara Rennó, James Martins, João Gonçalves (Warner Chappell), Luiz Guedes, Maria Creusa Meza, Maurício Pereira de Lima, Nelson Motta, Paquito, Pasquale Cipro Neto, Paulo Borges, Pedro Moreno Teixeira, Rogério Duarte, Ronaldo Bastos, Roney George, Silvia Valladão, Sonekka, Tadeu Jungle e Victoria Broadus.

Carlos Rennó

Pelo Conjunto da Obra

JOSÉ MIGUEL WISNIK

EXISTEM MUITOS MODOS DE SER LETRISTA DE MÚSICA NA CANÇÃO brasileira. Há os cancionistas que fazem música e letra, de Noel Rosa e Caymmi a Chico Buarque, Caetano Veloso e Gilberto Gil; há aqueles músicos que são grandes letristas ocasionais, como Tom Jobim; há os poetas do livro que atuam ou atuaram no campo da canção, trilhando o caminho aberto por Vinicius de Moraes, como Cacaso e Paulo Leminski, Capinan, Torquato Neto, Waly Salomão, Alice Ruiz, Antonio Cicero e Arnaldo Antunes (sendo este um caso extremo de trânsito entre música, letra, livro de poesia, visualidade, performance). E há, como Carlos Rennó, os especialistas das palavras postas em música, os letristas que escrevem especificamente para a canção e cuja obra poética é inseparável das melodias, dos ritmos e dos parceiros, seja quando escrevem pensando numa música a ser composta ou quando escrevem para uma música já dada.

Rennó leva a condição de letrista em estado puro, no entanto, a um limite singular: ele é, antes de tudo, um amante da sílaba, pingando nas melodias uma espécie de conta-gotas alquímico permanente. Imagino que não haja página neste livro, se aberta ao acaso, da qual não saltem exemplos disso: assonâncias aliterantes, rimas entrecortadas, concentrações monossilábicas, proparoxítonas em cascata, jogos acentuais, equívocos proliferantes de sons e sentidos. Em suma, tudo aquilo que faz com que significantes e significados não marchem soldados uns nos outros, mas dancem entre as palavras e as frases. Numa canção, por exemplo, manifesta-se "o desejo / de uma cidade includente / e uma nação cidadã tra- / duzido numa canção, / numa sentença, num mantra, / num grito ou numa oração." A palavra "tra- / duzido" é cortada entre dois versos (num *enjambement* extremado, que age não no nível da frase, mas no corpo da palavra). Esse corte, que pode parecer puramente arbitrário, se lido, tem consequência inesperada dois versos abaixo, quando se ouve, mesmo que quase subliminarmente, que "cidadã tra-" rima com "mantra", num jogo virtuosístico que envolve a sílaba fônica, o léxico e a métrica, tudo em torno da profusão de vogais nasalizadas que domina o trecho (includ*en*te, na*ção*, cidad*ã*, *can*ção, sente*n*ça, m*an*tra, ora*ção*). Na verdade, Carlos Rennó lida com as sílabas, unidades orais mínimas da palavra vocalizada, como se fossem notas, as unidades mínimas da frase musical.

Essa tendência microcósmica tem a sua contrapartida macro: a mesma canção aqui citada, chamada "Manifestação", é uma dessas impressionantes letras de Rennó feitas de enumerações exaustivas que buscam esgotar o campo de um assunto fazendo, no caso, uma relação minuciosa, implacável e includente de todos os excluídos violentados trabalhadores párias viventes gentes feitos objetos da podre desigualdade imbecil brasileira. A propósito, Carlos Rennó tem reinventado, de maneira extremamente oportuna, a canção de protesto em novos moldes, pensada como "canção de redenção", "canção--manifesto" e "canção-manifestação". É com essa mesma sanha incansavelmente exaustiva, ao longo de incontáveis estrofes, que ele defende os índios ("Demarcação Já") e ataca o agronegócio ("Reis do Agronegócio"). Mas é também através de alucinantes enumerações sem fim que ele declara amor a todas as mulheres que coexistem numa só, valendo-se para isso de uma espécie de somatória total do elenco de personagens femininas da canção brasileira e estrangeira, como se pudesse esgotar o paradigma ("Todas Juntas Num Só Ser", em cinco inacreditáveis versões). Em "Ecos do Ão" (referência ao ão da língua portuguesa e homenagem ao poema "ão" de Augusto de Campos) augura a reversão de impasses crônicos brasileiros em promessa de potência. Ou louva de maneira inumerável um conjunto de disposições de pessoas e grupos que enriquecem a existência com suas criações, e que a canção ideal desejaria poder ter em si ("Canção Pra Ti").

O arco e a lira de Carlos Rennó estão retesados, assim, numa energia única e concentrada, entre o mínimo e o máximo, o menor e o enorme, o sintético e o inabarcável, o rigor e o grito, o poético, o ético, o político e o poético sempre de novo. Amor à sílaba, à poesia-música, à mulher, à Terra, ao cosmos. Guerra aberta e luminosa contra os poderes devastadores, excessivamente espertos e brutalmente cegos, que atentam contra todas as dimensões da vida.

Não sustentada pela *persona* única e visível de um cantautor, mas soprada a todos os ventos, levada por tantas parcerias, a poesia aérea de um letrista arrisca-se a ficar dispersa demais pelo mundo. Chegou a hora de termos acesso ao conjunto da obra de Rennó reunida em livro, de sentirmos nas mãos, literalmente, o peso dessa leveza profunda, dessa gaia ciência, desse saber alegre.

Poesia e Música Num Só Ser

MARCELO TÁPIA

A POESIA NASCEU ASSOCIADA À MÚSICA. A OBRA DO POETA CARLOS Rennó também. Espécie de rapsodo de nosso tempo, incitado por musas muitas – incluindo-se uma que é "todas elas juntas num só ser" – canta histórias da realidade, de nosso ser no mundo, de sonhos e de amores. Trovador pós-tudo com um quê xamânico, tem na arte da palavra cantada sua magia, que se coloca a serviço não só da fruição estética como da ação relacionada a princípios de vida, vivência e sobrevivência que guarda como fundamentais.

Nas letras de Rennó a palavra não voa apenas: ela pousa sobre o papel, como uma leve ave ou borboleta a se pôr, sutil, num suporte que permite a sua contemplação. Quer dizer: há grandes canções cujas letras parecem depender da melodia para alçarem voo, e só vivem em pleno ar; não resistem a ser poesia lavrada, escrita, poesia lida. No caso deste poeta e versionista (tradutor-recriador), tal condição não se apresenta: trata-se de poesia cantada que se inscreve como objeto de (re)leitura, pois seu autor concebe suas letras como poemas irrestritos.

O poeta que conhece seu ofício considera os elementos de sua composição a partir de sua própria consciência da linguagem. As referências que transparecem na obra de Rennó são afinadas com concepções construtivistas, com toda a elucidação sobre a poesia advinda dos fundamentos da poesia concreta brasileira, assim como manifestam a incorporação de recursos provenientes da própria história da poética: o repertório de formas, de esquemas rítmicos, de possibilidades linguísticas de associação entre som e sentido, de equações resolvidas com a aparente facilidade de simplesmente dizer. As letras reunidas neste volume evidenciam, sobretudo, a busca da criação inventiva associada ao rigor de elaboração, com o desafio de mirar o alcance das palavras, a assimilação dos ditos, a memória do canto.

Versos como "O seu nome como título / vai estar na capa, é claro, / e cada capítulo / eu vou dedicar a tudo que me é caro" (da canção "Eu Vou Escrever um Livro", composta em parceria com Luiz Tatit), dedicados a uma mulher amada, permitem aproximá-los de uma poesia trovadoresca revivificada nos dias de hoje, à semelhança de um poema de John Donne recriado por Augusto de Campos. Algo cuja coloquialidade se coloca na circunstância e ao mesmo tempo a transcende, moldando-se às condições de perenidade.

Os dois primeiros de tais versos, redondilhos maiores com mesmo esquema acentual (tônica na terceira e quinta sílabas), dão o tom abrangente da declaração de amor, algo que poderia estar, em qualquer tempo, em nosso cancioneiro popular; o terceiro, redondilho menor, atende com breve naturalidade à expectativa da rima proparoxítona, casando-se de fato como uma parte de uma obra se casa com o seu tema; o seguinte amplia-se generosamente num hendecassílabo que contém, com acento e pausa na quinta sílaba, o modelo do verso anterior, redobrado – e, caso o dividamos em dois (deixando-se o "a" sem valor métrico atrelado como sílaba átona a "dedicar"), obteremos dois redondilhos menores de igual esquema rítmico... O exemplo, quase tomado ao acaso, ilustra a junção de labor e comunicação, simplicidade e precisão, exigidos pela palavra (bem) cantada.

Nessa linha de exemplificação do ofício do versificador, note-se também o poema "Pintura" (criado sobre música de João Bosco), todo em redondilho maior, metro dos mais populares em língua portuguesa, cuja primeira estrofe é apresentada aqui com marcação da divisão silábica (/) e das sílabas tônicas ou semitônicas (_):

Céu/ a/zul, / a/zul, / a/zul
Cor-/de-/ro/sa/ pôr-/do-/sol
Véu/ da au/ro/ra/ bo/re/al
Mar/ de es/tre/las/ lá/ no/ céu
Luz/ de/ fo/gos/ na am/pli/dão
Lu/a-/pra/ta/ qual/ cd
Pre/to e/clip/se/ do es/plen/dor
Ar/co-/í/ris/ mul/ti/cor:

O esquema rítmico é uniforme, pois os acentos caem sempre na primeira, terceira, quinta e sétima sílabas poéticas: todos os versos são, portanto, trocaicos, ou seja, compostos de quatro unidades binárias descendentes (quatro pés do tipo "troqueu"). Trata-se de uma melopeia que faz viver com plenitude, em nosso tempo, um esquema métrico imortalizado pelo, entre outros, poeta brasileiro Silva Alvarenga (1749-1814); em seu Rondó XXVI, "O Amante Satisfeito", por exemplo, o esquema é exatamente o mesmo: "Can/to a/le/gre/ nes/ta/ gru/ta,// E/ me es/cu/ta o/ va/le e o/ mon/te// Se/ na/ fon/te/ Glau/ ra/ ve/jo,// Não/ de/se/jo/ mais/ pra/zer."

Como se pode ver, é possível e preciso valer-se do repertório acumulado pelo próprio fazer poético para fazer poesia hoje. Nada mais contemporâneo do que apropriar-se da tradição e recriá-la. O hoje é múltiplo, é tudo o que possa coexistir poeticamente; não se trata de inventar todas as rodas que já rolaram, mas de reinventá-las no caldo fervilhante em que vivemos. No caso da letra de canção que almeje a sua independência como objeto estético de apreciação pela leitura, vale toda a exigência relativa não só à tradição oral e cantada, como também à acuidade do engendramento do poema como tal. Observem-se estes decassílabos heroicos (da canção "Quando Eu Fecho os Olhos", parceria com Chico César) de andamento binário ascendente – ou seja, pentâmetros jâmbicos, que se reportam, por exemplo, a Camões e a Shakespeare, também escandidos com marcação de tônicas e semitônicas:

> A/í/ vo/cê/ sur/giu/ na/ mi/nha/ fren/te,
> E eu/ vi/ o es/pa/ço e o/ tem/po em/ sus/pen/são.
> Sen/ti/ no/ ar/ a/ for/ça/ di/fe/ren/te
> De/ um/ mo/men/to e/ter/no/ des/de en/tão.

Pois é: o movimento do som fraco-forte sugere que você se depara com algo, ou que algo aparece à sua frente: Aí você surgiu...

Rennó cria na língua de agora, mas também é mestre de formas e conteúdos. E exerce seu labor trabalhando o signo dito-cantado, a palavra que se quer decorar e cantar; daí a necessidade de unir sutileza e comunicabilidade, construção e emoção, facilidade e profundidade. É a dança das notas entre os polos: é biscoito fino mas é para todos, é poesia para ser lida e cantada.

Trata-se de uma linguagem que procura a concentração de efeitos, gerados pelo modo particular de associação dos sons, palavras e sentidos por sua afinidade e por seu contraste. Experimente ouvir e observar, também visualmente, as relações de semelhança entre palavras e a articulação das repetições de fonemas nos versos de Rennó: você perceberá que há densidade de estímulos a seus sentidos, que chamam a atenção a todo instante, mas que fluem na linha melódica sem pedras no caminho; combinações que lançam o jogo entre a poesia e você:

> Você é o fósforo – eu sou o pavio.
> Você é um torpedo – eu sou o navio.
> Você é o trem – e eu sou o trilho.
> Eu sou o dedo – e você é o meu gatilho.

O nosso jogo é perigoso, menina
Nós somos fogo, nós somos fogo,
Nós somos fogo e gasolina.

Os lances envolvem acasos; o poeta, ao mesmo tempo, leva o barco e se deixa levar pelo mar da linguagem, como nesta sequência de versos (de "Esteticar", escrita sobre música de Vicente Barreto e Tom Zé) em que sons e palavras semelhantes confluem em sentidos e para os sentidos:

Pensa que eu sou um caboclo tolo, boboca,
Um tipo de mico cabeça-oca,
Raquítico típico jeca jacu,
Um mero número zero, um zé à esquerda,
Pateta patético, lesma lerda,
Autômato pato panaca jacu?

Num engendramento de acasos, percebo uma sequência reveladora em parte da relação de títulos do sumário de *Canções*, cujas letras – resultado marcante de uma intensa vida produtiva – foram agrupadas pelo autor de modo a criar ambientes de composição que revelam as vertentes de seu mundo. O veio participante de suas criações parece seguir uma via que ao mesmo tempo se constrói como conjunto de significação progressiva:

Onde Vamos Parar?

Esse Rio
Terra Desolada
É Fogo
Tá?
Para Onde Vamos?
Isso É Só o Começo
Quede Água
[...]

Caso do acaso, bem marcado? Sigamos, apesar dos naufrágios, com música e poesia. Voemos com Carlos Rennó e convivamos com os desafios (composicionais e tradutórios) por ele enfrentados, que tantas vezes se desdobram pela maior extensão das letras – o poeta é especialmente afeito às (re)criações longas (dialogando, também, com compositores como Cole Porter e Ira Gershwin). Confira-se, por exemplo, "Façamos (Vamos Amar)", versão sua de "Let's Do It (Let's Fall in Love)", de Porter – conhecida na antológica interpretação de Chico Buarque e Elza Soares –, da qual se segue um excerto:

[…]
The dragonflies, in the reeds, do it,
Sentimental centipedes do it,
Let's do it, let's fall in love.
Mosquitoes, heaven forbid, do it,
So does ev'ry katydid, do it,
Let's do it, let's fall in love.
The most refined lady bugs do it,
When a gentleman calls;
Moths in your rugs do it,
What's the use of moth balls?
Locusts in trees do it, bees do it,
Even overeducated fleas do it,
Let's do it, let's fall in love.
[…]

[…]
Libélulas, em bambus, fazem,
Centopeias sem tabus fazem,
Façamos, vamos amar.
Os louva-deuses, com fé, fazem,
Dizem que bichos-de-pé fazem,
Façamos, vamos amar.

As taturanas também fazem
Com ardor incomum;
Grilos, meu bem, fazem,
E sem grilo nenhum...
Com seus ferrões, os zangões fazem,
Pulgas em calcinhas e calções fazem,
Façamos, vamos amar.
[...]

    A tarefa de traduzir letras de canção é, no campo da tradução poética, um caso especial, por não deixar margem ao arbítrio do tradutor quanto à necessária correspondência de sua configuração rítmico-melódica com a dos originais (tratando-se de poesia não cantada, reserva-se ao tradutor a possibilidade de recriá-la com outro padrão versificatório). Para construir correspondências nos planos de conteúdo e de expressão do poema, no caso de canções, é preciso valer-se, com extrema eficiência, do expediente de um poeta-tradutor cujo repertório de possibilidades de escolha lhe permita atuar no campo de significação do texto de modo a recriá-lo cantável e comunicante em seu novo contexto. Basta observar as soluções necessariamente "não literais" das versões de Rennó (e as "variantes" às vezes propostas por ele) para que se vislumbrem seus duradouros caminhos de labor e perseverança percorridos com agilidade e renovação constante.

Letras

Amor e Guavira

MÚSICA DE TETÊ ESPÍNDOLA
1982

No cerrado, onde o mato é grosso e a coisa é fina,
Entre um cacho e um trago um moço abraça uma menina.
O namoro é debaixo de uma árvore da flora,
Onde ambos lambuzamos nossa cara de amora.

Nesse ambiente exuberante e fruto do amor,
A guavira água vira em nossa boca, ai que sabor!
Língua a língua se fala a linguagem de quem beija-flor –
Flor da pele que me impele, assim,
Ao mais louco amor,
Que se faz naturalmente, enfim,
Seja onde for.

Cuiabá

MÚSICA DE TETÊ ESPÍNDOLA
1982

Vaia de arara passa pelos ares
Daqui pra ali;
Fica no olhar a flutuar o leque
Do buriti.

Se abre sobre a cidade verde
O céu de anil;
No coração da América, a terra de ócio
De sol e rio:

Cuiabá,
De onde se ouviu
Som de índio cantando à beira do rio
Cuiabá,
De onde se vê
Cuia à beça, cabaça de cuietê.

Cuiabá
Dos pacus,
Dos furrundus,
Dos cajus
Do João
"São" Sebastião;
Da cabocla de pele queimada;
De Leveger,
Dos leques de palha,
Talhas de São Gonçalo –
Ah! Essa gente,
Esse calor,
Quero pra sempre,
Com muito amor.

Na Chapada

MÚSICA DE TETÊ ESPÍNDOLA
1984

Há um chuvisco na Chapada;
Em toda a mata um cochincho em cê-agá.
Chuá-chuá na queda d'água;
Eu me espicho e fico quieta;
Nada me falta.

O véu de noiva de água virgem
Me elevou, envolveu.
A sua ducha me deu vertigem;
Arrepio, rodopio, em mim
Seu jorro não tem mais fim.

E nesse êxtase me deixo,
Não sei quem sou.
Estou no meio do arco-íris
E saboreio elixires de amaralis.

Na cachoeira-enxurrada
O véu da chuva desceu.
No vento nuvem
Do céu desaba.
Chapinhante, espumante champanhe:
Chapada dos Guimarães.

Olhos de Jacaré

MÚSICA DE GERALDO ESPÍNDOLA
1982

Que imprevistos pontos de luz eram aqueles,
Que lembravam estrelas
No abismo infindo e sem fundo,
E que deslumbraram
Já no vislumbre
Meu olhar profundo?

Não, eu não estava na estrada do oeste desta vez,
Vendo o terrestre astral da cidade,
Na eletricidade em seus inúmeros lumes.
Na madrugada eu estava no Pantanal.
Sim, por que não?
Eu 'tava lá na beira-vazante;
Aqui, nos movimentos-voos nômades da mente.
Lá na fantasmal nitidez dos muitos
Pontos brilhantes.
No espelho d'água de aguapés
Eram olhos de jacarés.

Jacaré jacaré jacaré
Jacaré jacaré jacaré jacaré
Jacaré jacaré
Jacarés

Cururu

MÚSICA DE TETÊ ESPÍNDOLA
1986

Ouça:
Uma vez o meu irmão virou uma onça;
Onça
De passo leve no escuro;
Passo
Que nem de sapo-cururu.

Eh, eh!
Meu irmão que nem meu tio iauaretê.
Isso
Foi um feitiço, eu lhe juro;
Até
Fiquei um tanto jururu.

De repente, onde o corpo de um homem,
Patas, pintas, porte e força de uma onça.

Teria sido imagem imaginária
Ou era tudo verdade pura veraz?
Teria sido miragem visionária
Ou era ele aquela fera feroz?

Onça?
Não, o meu irmão não passa de uma moça;
Mansa
Que nem um sapo numa poça;
Puro
Que nem a flor de um cipó-

-Cururu.

Pássaros na Garganta

MÚSICA DE TETÊ ESPÍNDOLA
1982

No céu da minha garganta
Eu tenho ao cantar
Pássaros que quando cantam
Não posso conter.
Solto o que se levanta
Do meu ser,
E vou ao sol no vôo
Enquanto soo.

Mas quando num céu tão cinza
Não vejo passar
Os pássaros que extinguem
Da terra e do ar,
Passo o que existem em mim
A doer,
Me dou tão só ao som
Com dó e dom.

E o que sinto vai contra
Quem varre as matas e arremata a terra-mãe,
E me indigna a onda
De insanos atos de insensatos que não amaina.

Ânsia de que a vida seja mais cheia de vida
Pelas alamedas, pelas avenidas,
Em aroma cor e som;
Árvores e ares, pássaros e parques
Para todos e por todos
Preservados em cada coração.

Mas quando num grito raro
Se apossa de mim
O espírito desses pássaros
Que não tem fim,
Espalho pelo espaço
O que não há,
Com amor e com arte
Garganta e ar.

Riacho

MÚSICA DE PASSOCA
1986

Fluxo d'água.
Luz e galhos.
Folhinhas tranquilas
E um branco de lã boiando
No céu que oscila:
Reflexo de um flamboyant
E de um boi que rumina.

Esse Rio

MÚSICA DE VICENTE BARRETO
2007

Veja só esse rio,
Que lentamente flui,
E o fio
Que se dilui
Nesse rio
E o polui.

Eu já tomei banho aqui,
Antes o meu pai tomou;
Água que daqui bebi,
Ih, sujou…
Era linda e límpida;
Hoje nela se espalhou
Uma espuma química;
Oh que horror…

Um saco plástico
Flutua à sua flor,
E ao redor
Turva o ar
Um fedor
De amargar.

E eu já tomei banho aqui,
Antes o meu pai tomou;
Um lugar sagrado se
Degradou.
Ói só o que o homem fez!
Era necessário? Não.
Ói só que insensatez!
Sem-razão!

Carcaça de automóvel, peça de museu:
É pau, calhau, metal, papel;
É tanto objeto;

É tão abjeto:
É dejeto,
É pneu,
É garrafa pet...
Água igual tapete
Mal reflete
O alto céu.

E eu já tomei banho aqui.
Antes o meu pai tomou.
Um lugar sagrado se
Degradou...
Hoje é um depósito
De lixo aquele rio;
É um despropósito,
Puta que pariu!

Terra Desolada

MÚSICA DE BETO VILLARES E IARA RENNÓ
2011

Um silêncio, um vazio,
Quase nem um pio.
Um calor, um calafrio;
Um clarão sombrio.

Vida seca, torta, morta
Pelo fogo mau;
Matagal agora só
É pedra, pó,
Fumaça e tocos...

Homens ocos, homens loucos,
Grandes vândalos!
Longa noite, que demanda luz...

Rastro de destruição,
Resto de tição.
Aves, árvores no chão;
Dor no coração.

Terra desolada
E assolada afinal;
Mata desmatada ao sol,
Queimada ao sol,
Sem vigilância.

Oh ganância, ignorância,
Que nos causa horror,
Indignado ódio, dó e dor!

É Fogo!

MÚSICA DE LENINE
2007

Éramos uma pá de "apocalípticos",
De meros "hippies", com um "falso" alarme...
Economistas, médicos, políticos
Apenas nos tratavam com escárnio.

Nossas visões se revelaram válidas,
E eles se calaram – mas é tarde.
As noites 'tão ficando meio cálidas...
E um mato grosso em chamas longe arde:

O verde em cinzas se converte logo, logo...

É fogo! É fogo!

Éramos "uns poetas loucos, místicos"...
Éramos tudo o que não era são;
Agora são – com dados estatísticos –
Os cientistas que nos dão razão.

De que valeu, em suma, a suma lógica
Do máximo consumo de hoje em dia,
Duma bárbara marcha tecnológica
E da fé cega na tecnologia?

Há só um sentimento que é de dó e de malogro...

É fogo... é fogo...

Doce morada bela, rica e única,
Dilapidada – só – como se fôsseis
A mina da fortuna econômica,
A fonte eterna de energias fósseis,

O que será, com mais alguns graus Celsius,
De um rio, uma baía ou um recife,
Ou um ilhéu ao léu clamando aos céus, se os
Mares subirem muito, em Tenerife?

E dos sem-água o que será de cada súplica, de cada rogo?

É fogo... é fogo...

Enquanto a emissão de gás carbônico
Sobe na América do Norte e na China,
No coração da selva amazônica
Desmatam uma Holanda: uma chacina!

Ó assassinos bárbaros frenéticos!
Ó gente má, ignara, vil, ignóbil!
Ó cínicos com máscara de céticos!
Ó antiéticos da ExxonMobil!

O estrago vai ser pago pela gente pobre toda;

É foda! É foda...

Em tanta parte, do Ártico à Antártida,
Deixamos nossa marca no planeta:
Aliviemos já a pior parte da
Tragédia anunciada com trombeta.

Mais que bilhões de vidas, é a vida em jogo.

É fogo.

Tá?

MÚSICA DE PEDRO LUÍS E ROBERTA SÁ
2008

Pra bom entendedor meia palavra bas-
Eu vou denunciar a sua ação nefas-
Você amarga o mar, desflora a flores-
Por onde você passa, o ar você empes-
Não tem medida a sua sanha imediatis-
Não tem limite o seu sonho consumis-
Você deixou na mata uma ferida expos-
Você descora as cores dos corais na cos-
Você aquece a terra e enriquece à cus-
Do roubo do futuro e da beleza augus-
Mas de que vale tal riqueza, grande bos-
Parece que de neto seu você não gos-
Você decreta morte à vida ainda em vis-
Você declara guerra à paz por mais benquis-
Não há em toda a fauna um animal tão bes-
Mas já tem gente vendo que você não pres-
Não vou dizer seu nome porque me desgas-
Pra bom entendedor meia palavra bas-

Tá?

Para Onde Vamos?

MÚSICA DE BETO VILLARES
2011

Para onde vamos? Ah, onde vamos parar?
Nessa encruzilhada, que estrada vamos pegar?
Que perigo de mau tempo, temporal,
De temperatura em alta e de desastre existe pra todos nós afinal?

Que deslizamento de monte, que inundação
Nossos olhos tristes ainda inundarão?
Que desmate tem que ainda ocorrer,
Pra quebrar a pedra que tem no peito de quem depreda do alto
[e podre poder? *

Quanto tempo mais alguns vão fingir que não veem
O que eles veem porque fingir lhes convém?
Quantos homens, aos milhares, aos milhões,
Vão morrer de fome e de sede, vítimas de ações de outros
[homens de outras nações?

Que será do mundo que vemos, que mundo nós
Deixaremos às gerações que virão após?
Que futuro desenhamos, que manhã?
Nosso tino ou desatino hoje define nosso destino aqui amanhã.

* VARIANTE
Que geleira tem que ainda derreter,
Pra quebrar a pedra de gelo que tem no peito quem tem um
[podre e alto poder?

Isso É Só o Começo

MÚSICA DE LENINE
2011

Aqui chegamos, enfim,
A um ponto sem regresso,
Ao começo do fim
De um longo e lento processo,
Que se apressa a cada ano,
Como um progresso insano
Que marcha pro retrocesso.

Estranhos dias vivemos,
Dias de eventos extremos
E de excessos em excesso.
Mas se com tudo que vemos
Os olhos viram do avesso,
Outros eventos veremos,
Outros, extremos, virão.
Prepare seu coração,
Que isso é só o começo.

Aqui estamos, porém,
Num evento diferente,
Onde a gente se entretém
Um ao outro, frente a frente,
Deixando um pouco ao fundo
O ambiente do mundo
Por esse aqui, entre a gente.

Assim nesse clima quente,
No espaço e tempo presente,
Meu canto eu lanço, não meço,
Minha rima eu arremesso,
Pra que nada fique intacto
E tudo sinta o impacto
Da ação de cada canção.
Preparem-se, irmã, irmão,
Que isso é só o começo.

Quede Água

MÚSICA DE LENINE
2015

A seca avança em Minas, Rio, São Paulo.
O Nordeste é aqui, agora.
No tráfego parado onde eu me enjaulo,
Vejo o tempo que evapora.
Meu automóvel novo mal se move,
Enquanto no duro barro,
No chão rachado da represa onde não chove,
Surgem carcaças de carro.

Os rios voadores da Hileia
Mal deságuam por aqui,
E seca pouco a pouco em cada veia
O Aquífero Guarani.
Assim, do São Francisco a San Francisco,
Um quadro aterra a Terra:
Por água, por um córrego, um chuvisco,
Nações entrarão em guerra.

Quede água? Quede água?

E todos os avisos foram dados,
E o cerrado quase extinto,
E os prazos quase todos encerrados;
Não tivemos muito instinto…
Nem 'távamos atentos aos sinais
Cada vez mais evidentes
Do mal às matas, margens, mananciais,
Animais e gentes.

O que 'tamos colhendo é o rebento
De ações e inações, "è vero":
Sem reflorestamento cem por cento,
Sem desmatamento zero.
'Tamos dormindo, entanto, enquanto invade
A seca sem paralelo.

Ao acordarmos, a realidade
Talvez seja um pesadelo.

Quede água? Quede água?

Agora o clima muda tão depressa,
Que cada ação é tardia,
Que dá paralisia na cabeça,
Que é mais do que se previa.
Algo que parecia tão distante
Periga agora tá perto;
Flora que verdejava radiante
Desata a virar deserto.

Você quer entender o que é que vai haver,
Mas é tudo tão complexo...
É tão imenso que nem dá pra ver.
Cê fica perplexo.
Porém o chão da Terra já não arrefece,
Parece um aquecedor;
E até que seque e até resseque, a terra aquece...
É estarrecedor!

Quede água? Quede água?

O lucro a curto prazo, o corte raso,
O agrotóxiconegócio;
A grana a qualquer preço, o petrogaso-
Carbocombustível fóssil.
O esgoto de carbono a céu aberto
Na atmosfera, no alto;
O rio enterrado e encoberto
Por cimento e por asfalto.

O parque ardendo, o ar, a terra tórrida;
O foco de fogo, a língua;
O rio que não corre e logo morre da...
Da falta de água, à míngua.
Do Sul ao Centro-Oeste e ao Nordeste,
Com péssimo aspecto,
Se alastra como nunca, como peste,
A seca e o seu espectro.

Quede água? Quede água?

Alegra-te, porém, meu camarada,
Se não secaram teus olhos,
Que vale cada lágrima rolada
Que te sai por tais abrolhos.
Se lá do céu as lágrimas não caem,
Se o céu já não chora igual,
Do verde dos teus olhos elas saem,
Qual fonte, de um matagal –

Sinal de que lá brota alguma gota
De vida verde-esperança,
Que não se perde, não, e não se esgota,
Nem quando a seca avança.
Chorar por cachoeiras e lençóis
Riachos de pena e dó;
Chorar por mais, cada vez mais, CO_2
E menos H_2O.

Quede água? Quede água?

Quando em razão de toda a ação "humana"
E de tanta desrazão,
A selva não for salva e se tornar savana;
E o mangue, um lixão;

Quando minguar o Pantanal, e entrar em pane a
Mata Atlântica, tão rara;
E o mar tomar toda cidade litorânea,
E o sertão virar Saara;

E todo grande rio virar areia,
Sem verão virar outono;
E a água for commodity alheia,
Com seu ônus e seu dono;
E a tragédia da seca, da escassez,
Cair sobre todos nós,
Mas sobretudo sobre os pobres, outra vez
Sem terra, teto, nem voz;

Veremos afinal que tinham fim, enfim,
As fontes da natureza,
Que não dá pra crescer e enriquecer sem fim,
Mas distribuir a riqueza.

Quede água? Quede água?

Agora é encararmos o destino
E salvarmos o que resta;
É aprendermos com o nordestino
Que pra seca se adestra;
E termos como guias os indígenas,
E determos o desmate,
E não agirmos que nem alienígenas
Em nosso próprio habitát.

Que bem maior que o homem é a Terra,
A Terra e o seu arredor,
Que encerra a vida, que na Terra não se encerra,
A vida, a coisa maior,
Que não existe onde não existe água
E que há onde há arte,

Que nos alaga e nos alegra quando a mágoa
A alma nos parte,

Para criarmos alegria pra viver o
Que houver pra vivermos,
Sem esperança, mas sem desespero,
No futuro que tivermos.

Quede água? Quede água?

Quede Água, Quede?

MÚSICA DE CHICO CÉSAR
2017

Quede água, quede?
A gente pede água,
O tempo pede água, pede.
O que te impede, água?

Quede água, quede?
A terra pede água.
O homem pede água, pede.
Quem por nós intercede, água?

Quede água, quede?
A fome pede água,
A sede pede água, pede.
Quem nos concede água?

Água, por que te escafedes?
Por que tu cheiras e fedes,
Água?

Quede água, quede?
A seca pede água,
O rio pede água, pede.
Mata essa sede, água.

Quede água, quede?
O bicho pede água.
A planta pede água, pede
Uma queda, um pé de água.

Quede água, quede?
A vida pede água,
O mundo pede água, pede
Um igarapé de água.

Água, por que te escafedes?
Por que tu cheiras e fedes,
Água?

Reis do Agronegócio

MÚSICA DE CHICO CÉSAR
2015

Ó donos do agrobiz, ó reis do agronegócio,
Ó produtores de alimento com veneno,
Vocês que aumentam todo ano sua posse,
E que poluem cada palmo de terreno,
E que possuem cada qual um latifúndio,
E que destratam e destroem o ambiente,
De cada mente de vocês olhei no fundo
E vi o quanto cada um, no fundo, mente.

Vocês desterram povaréus ao léu que erram,
E não empregam tanta gente como pregam.
Vocês não matam nem a fome que há na Terra,
Nem alimentam tanto a gente como alegam.
É o pequeno produtor que nos provê e os
Seus deputados não protegem, como dizem:
Outra mentira de vocês, Pinóquios "véios".
Vocês já viram como tá o seu nariz, hem?

Vocês me dizem que o Brasil não desenvolve
Sem o agrobiz feroz, desenvolvimentista.
Mas até hoje na verdade nunca houve
Um desenvolvimento tão destrutivista.
É o que diz aquele que vocês não ouvem,
O cientista, essa voz, a da ciência.
Tampouco a voz da consciência os comove.
Vocês só ouvem algo por conveniência.

Para vocês, que emitem montes de dióxido,
Para vocês, que têm um gênio neurastênico,
Pobre tem mais é que comer com agrotóxico,
Povo tem mais é que comer, se tem transgênico.
É o que acha, é o que disse um certo dia
Miss Motosserrainha do Desmatamento.
Já o que acho é que vocês é que deviam
Diariamente só comer seu "alimento".

Vocês se elegem e legislam feito cínicos,
Em causa própria ou de empresa coligada:
O frigo, a múlti de transgene e agentes químicos,
Que bancam cada deputado da bancada.
Tê comunista cai no lobby antiecológico
Do ruralista cujo clã é um grande clube.
Inclui até quem é racista e homofóbico.
Vocês abafam mas tá tudo no YouTube.

Vocês que enxotam o que luta por justiça;
Vocês que oprimem quem produz e que preserva;
Vocês que pilham, assediam e cobiçam
A terra indígena, o quilombo e a reserva;
Vocês que podam e que fodem e que ferram
Quem represente pela frente uma barreira,
Seja o posseiro, o seringueiro ou o sem-terra,
O extrativista, o ambientalista ou a freira;

Vocês que criam, matam cruelmente bois,
Cujas carcaças formam um enorme lixo;
Vocês que exterminam peixes, caracóis,
Sapos e pássaros e abelhas do seu nicho;
E que rebaixam planta, bicho e outros entes,
E acham pobre, preto e índio "tudo" chucro:
Por que dispensam tal desprezo a um vivente?
Por que só prezam e só pensam no seu lucro?

Eu vejo a liberdade dada aos que se põem
Além da lei, na lista do trabalho escravo,
E a anistia concedida aos que destroem
O verde, a vida, sem morrer com um centavo.
Com dor eu vejo cenas de horror tão fortes,
Tal como eu vejo com amor a fonte linda –
E além do monte o pôr do sol porque por sorte
Vocês não destruíram o horizonte... Ainda.

Seu avião derrama a chuva de veneno
Na plantação e causa a náusea violenta
E a intoxicação "ne" adultos e pequenos –
Na mãe que contamina o filho que amamenta.
Provoca aborto e suicídio o inseticida,
Mas na mansão o fato não sensibiliza.
Vocês já não 'tão nem aí co'aquelas vidas.
Vejam como é que o Ogrobiz desumaniza…:

Desmata Minas, a Amazônia, Mato Grosso…;
Infecta solo, rio, ar, lençol freático;
Consome mais do que qualquer outro negócio,
Um quatrilhão de litros d'água, o que é dramático.
Por tanto mal, do qual vocês não se redimem;
Por tal excesso que só leva à escassez –
Por essa seca, essa crise, esse crime,
Não há maiores responsáveis que vocês.

Eu vejo o campo de vocês ficar infértil,
Num tempo um tanto longe ainda, mas não muito;
E eu vejo a terra de vocês restar estéril,
Num tempo cada vez mais perto, e lhes pergunto:
O que será que os seus filhos acharão de
Vocês diante de um legado tão nefasto,
Vocês que fazem das fazendas hoje um grande
Deserto verde só de soja, cana ou pasto?

Pelos milhares que ontem foram e amanhã ser-
Ão mortos pelo grão-negócio de vocês;
Pelos milhares dessas vítimas de câncer,
De fome e sede, e fogo e bala, e de AVCs;
Saibam vocês, que ganham com um negócio desse
Muitos milhões enquanto perdem sua alma,
Que eu me alegraria se afinal morresse
Esse sistema que nos causa tanto trauma.

Demarcação Já

MÚSICA DE CHICO CÉSAR
2016

Já que depois de mais de cinco séculos
E de ene ciclos de etnogenocídio,
O índio vive, em meio a mil flagelos,
Já tendo sido morto e renascido,

Tal como o povo kadiwéu e o panará –

Demarcação já!
Demarcação já!

Já que diversos povos vêm sendo atacados,
Sem vir a ver a terra demarcada,
A começar pelo primeiro no Brasil
Que o branco descobriu já na chegada:

O tupinambá –

Demarcação já!
Demarcação já!

Já que tal qual as obras da Transamazônica,
Quando os milicos os chamavam de silvícolas,
Hoje um projeto de outras obras faraônicas,
Correndo junto da expansão agrícola,

Induz a um indicídio, vide o povo kaiowá,

Demarcação já!
Demarcação já!

Já que tem bem mais latifúndio em desmesura
Que terra indígena pelo país afora;
E já que o latifúndio é só monocultura,
Mas a T.I. é polifauna e pluriflora,

Ah!,

Demarcação já!
Demarcação já!

E um tratoriza, motosserra, transgeniza,
E o outro endeusa e diviniza a natureza:
O índio a ama por sagrada que ela é,
E o ruralista, pela grana que ela dá;

Hum... Bah!

Demarcação já!
Demarcação já!

Já que tão só o autóctone por retrospecto
Mantém compacta e muito intacta,
E não impacta e não infecta,
E se conecta e tem um pacto com a mata,

Sem a qual a água acabará,

Demarcação já!
Demarcação já!

Pra que não deixem nem terras indígenas
Nem unidades de conservação
Abertas como chagas cancerígenas
Pelos e-feitos da mineração

E de hidrelétricas no ventre da Amazônia, em Rondônia, no
Pará...

Demarcação já!
Demarcação já!

Já que tal qual o negro e o homossexual,
O índio é "tudo que não presta", como quer
Quem quer tomar-lhe tudo que lhe resta,
Seu território, herança do ancestral,

E já que o que ele quer é o que é dele já,

Demarcação, tá?
Demarcação já!

Pro índio ter a aplicação do Estatuto
Que linde o seu rincão qual um reduto,
E blinde-o contra o branco mau e bruto
Que lhe roubou aquilo que era seu,

Tal como aconteceu, do pampa ao Amapá,

Demarcação lá!
Demarcação já!

Já que é assim que certos brancos agem,
Chamando-os de selvagens, se reagem,
E de não índios, se nem fingem reação
À violência e à violação

De seus direitos, de Humaitá ao Jaraguá,

Demarcação já!
Demarcação já!

Pois índio pode ter Ipad, freezer,
TV, caminhonete, "voadeira",
Que nem por isso deixa de ser índio
Nem de querer e ter na sua vida

Cuia, canoa, cocar, arco, maracá.

Demarcação já!
Demarcação já!

Pra que o indígena não seja um indigente,
Um alcoólatra, um escravo, um exilado,
Ou acampado à beira duma estrada,
Ou confinado e no final um suicida,

Já velho ou jovem ou – pior – piá,

Demarcação já!
Demarcação já!

Por nós não vermos como natural
A sua morte sociocultural;
Em outros termos, por nos condoermos –
E termos como belo e absoluto

Seu contributo do tupi ao tucupi, do guarani ao guaraná.

Demarcação já!
Demarcação já!

Pois guaranis e makuxis e pataxós
Estão em nós, e somos nós, pois índio é nós;
Pois índio é quem dentro de nós a gente traz, aliás,
De kaiapós e kaiowás somos xarás,

Xará.

Demarcação já!
Demarcação já!

Pra não perdermos com quem aprender
A comover-nos ao olhar e ver
As árvores e pássaros e rios,
A chuva, a rocha, a noite, o sol, a arara

E a flor de maracujá,

Demarcação já!
Demarcação já!

Pelo respeito e pelo direito
À diferença e à diversidade
De cada etnia, cada minoria,
De cada espécie da comunidade

De seres vivos que na Terra ainda há,

Demarcação já!
Demarcação já!

Por um mundo melhor ou, pelo menos,
Algum mundo por vir; por um futuro
Melhor ou, oxalá, algum futuro;
Por eles e por nós, por todo mundo,

Que nessa barca junto todo mundo tá,

Demarcação já!
Demarcação já!

Já que depois que o enxame de Ibirapueras
E de Maracanãs de mata for pro chão,
Os yanomami morrerão deveras,
Mas seus xamãs seu povo vingarão,

E sobre a humanidade o céu cairá,

Demarcação já!
Demarcação já!

Já que por isso o plano do krenak encerra
Cantar, dançar, pra suspender o céu;
E indígena sem terra é todos sem a Terra,
É toda a civilização ao léu

Ao deus-dará,

Demarcação já!
Demarcação já!

Sem mais embromação na mesa do Palácio,
Nem mais embaço na gaveta da Justiça,
Nem mais demora nem delonga no processo,
Nem retrocesso nem pendenga no Congresso,

Nem lenga-lenga, nhe-nhe-nhém, nem blablablá!

Demarcação já!
Demarcação já!

Pra que nas terras finalmente demarcadas
Ou autodemarcadas pelos índios,
Nem madeireiros, garimpeiros, fazendeiros,
Mandantes nem capangas nem jagunços,

Milícias nem polícias os afrontem,
Vrá!,

Demarcação ontem!
Demarcação já!

E deixa o índio, deixa o índio, deixa os índios lá.

Hidrelétricas Nunca Mais

MÚSICA DE FELIPE CORDEIRO
2016

Querem encher nossa floresta de hidrelétrica.
Que coisa besta, minha mãe, que coisa tétrica!
A hidrelétrica despreza o que é poético,
E arrasa a natureza em ritmo frenético.
Degrada bichos e lugares arqueológicos,
Depreda nichos e altares ecológicos
E rios-mares de largura quilométrica.
Por isso nunca mais queremos hidrelétrica!

Quem ama mesmo a floresta amazônica,
Não quer ver nunca a natureza desarmônica.

A usina mata o amanhã; em tom patético,
Já toda a mata grita, num sinal profético.
A gente simples, ribeirinha, vai ser vítima
Da sua ação tão ilegal quanto ilegítima.
E como as putas hidrelétricas afligem-na!
E como vai viver o bravo povo indígena?
Se o peixe vai morrer com cada rio magnífico,
Para prover mineração e frigorífico.

Quem gosta mesmo da floresta amazônica
Quer energia, sim, mas não tão anacrônica.

Naturalmente há outras fontes energéticas
Que são mais limpas, mais modernas e mais éticas.
Pois a barragem traz poluição climática.
Pois é imposta, pois é antidemocrática.
E causa o mal que nada faz enfim que finde-se:
Prostituição e violência em alto índice.
Por fim envolve corrupção, envolve escândalo.
Quem a constrói destrói a flora como um vândalo.

E como o meu direito à luz pode ser válido,
Se ele degreda um povo digno que se vale do

Grande bem, do grande dom, o das florestas (e
Se elas levam minha vista humana ao êxtase)?
Então barremos a barragem tecnocrática,
Que barra a vida livre, pródiga e errática,
Que a usina alaga, cobre e apaga como um túmulo,
Que a usina é praga, a usina é chaga, a usina é o cúmulo!

Quem ama mesmo o bioma amazônico
Não quer sujar a Terra e o ar com gás carbônico.

A usina fere com um arsenal mortífero
O sapo, a fera, a cobra, o pássaro, o mamífero.
A usina afeta o lago, o lar paradisíaco
Com um projeto louco, megalomaníaco.
A água chora sem parar de dó por isso no
Xingu, Madeira e Teles Pires em uníssono!
Ó mãe senhora, nos livrai da sina tétrica
De mais tragédia, mãe, de mais uma hidrelétrica!

Quem ama mesmo o bioma amazônico
Não quer ver nunca o ambiente desarmônico.

Mirante

MÚSICA DE ARRIGO BARNABÉ
1984

Que eco e em que século?
Qual onda de som, qual sonda?
E que sinal de sim afinal
Fará chegar a mensagem do homem ao Cosmos
De não querer
Ser só um ser
A sós?

Daqui desse grande grão de
Areia azul, mirante,
Poeira do estouro estelar,
Veja agora aquilo que era a milhares
De anos-luz
E Vênus-luz
Brilhar⋆.

  VARIANTE:
⋆   Lilás.

Visão da terra

MÚSICA DE TETÊ ESPÍNDOLA
1986

Foi a bordo da lendária barca Vostok 1,
Em 61.
Iuri Gagárin,
Do alto a vagar,
Como só um poeta viu a Terra azul ao léu,
Com sua auréola,
E sobre ela constelações de leões e de cães.

Agora,
Quando em torno ao seu corpo gravitam satélites
E estações orbitais,
E ampliam-se os limites
Da guerra e da paz,
Ela segue o eterno voo certo que descreve
Em pleno nada,
Planeta-nave, nave das naves e das naves-mães.

Quem dera
Ver ainda a cena que um dia será comum,
Como em "2001":
A Terra em realce
No espaço real –
E no fundo o profundo abismo negro, negro, negro,
Que dá medo;
No céu de vidro brilhos na noite dos txucarramães.

Coração Cosmonauta

MÚSICA DE JOSÉ MIGUEL WISNIK
1985/2016

O Marinheiro da Vanguarda, o neo-Navegador
O Viajante Pioneiro, o Desafiador
Lá no Profundo Espaço fundo vai
Pelo Universo Mundo sai
Com o Espírito da Curiosidade
E do Descobrimento e da Indagação
Da A-Ventura e da Investigação
Numa Procura, numa Empresa, na missão
Pelo Progresso, pela Paz e a União

O Magalhães Colombo Ulisses, o Empreendedor
O Mensageiro, o Visitante, o Analisador
O Bandeirante, o Desbravador
O Viking, o Explorador
Ante Horizontes Novos e a Oportunidade
De cada nave, sonda, ônibus, robô
De cada jipe, trem, foguete ou o que for
Que lhe desvende e lhe deslinde o lindo véu
De algum mistério do sidéreo, etéreo céu

Meu cosmonauta coração, na casca dessa noz
Eis a questão, o nó dos nós: o que é que somos nós?
Infinitésima espécie que
Reflete a imensidão em si
E o infinito, o grão da grandiosidade?
E além de nós, dos cafundós, o que é que há?
E além do fundo fim do mundo, além de lá?
E aquém do berço do universo, havia o quê?
E além de um verso – um multiverso? – o que há de haver?

Solidão Cósmica

MÚSICA DE MÁRIO SÈVE
2007

Mais de cem bilhões de estrelas
De planetas, um trilhão
(Na galáxia)
Viajando com o bando
De galáxias no além-céu

Numa profusão silvestre
De centenas de bilhões
(No universo)
Cada uma com um mundo
Sim, de mundos, um sem-fim

Amplidão
Cósmica
Solidão

E um frio
(Quase um pavor)
Um silêncio
Um império
(Que não têm igual)

Entrevendo entre elas
Uma nuvem de algodão
(Na galáxia)
Penso em outro ser pensando
Noutros seres como eu

Numa Terra extraterrestre
De longínquas regiões
(Do universo)
Cada vez mais longe e fundo
Estendendo seu confim:

Expansão
Cósmica
Solidão

Um vazio
(Cada vez maior)
Um silêncio
Um mistério
(Que não têm final…)

Signs of Life on Mars

MÚSICA DE ANTONIO PINTO
2010

Late at night, here we are
Under the moon and the stars,
And while we wonder, although so far,
We search for signs of life on Mars.

In a Martian dust storm, we'll find a trace,
A trace of life in distant, ancient days,
Hoping to find hope in another place
Far away from here, in space.

There in space life's rare,
Here there is life ev'rywhere.
But we destroy it, don't even care,
As we go seek for life elsewhere.

In a Martian dust storm, we'll find a trace,
A trace of life in distant, ancient days.
Hoping to find hope in another place
Far away from here, in space.

> Black hole and dark matter:
> Who'll shed light on that matter?
> Galaxies spreading more and more…
> Universe in expansion
> Is like a big big dance or
> A question without answer:
> What's beyond and what was there
> Before the Cosmos big-banged?
> Did it need a god to plan it?
> What if life came from the red planet?
> We are the cosmic conscience
> Of the world known.
> Looking for life.
> Got lots of water,
> Methane, nitrogen, ozone.

> We are nothing and we're everything
> Before the great unknown.

After we know what there is
In the Martian subsurface,
There will be other mysteries
Newer and bigger than this.

Will we see the world at its birth
As a time machine in reverse?
Are there other planets like the Earth
Or are we alone in the universe?

Átimo de Pó

MÚSICA DE GILBERTO GIL
1995

Entre a célula e o céu
O DNA e Deus
O quark e a Via-Láctea
A bactéria e a galáxia

Entre agora e o eon
O íon e Órion
A lua e o magnéton
Entre a estrela e o elétron
Entre o glóbulo e o globo blue

Eu
Um cosmos em mim só
Um átimo de pó
Assim: do yang ao yin

Eu
E o nada, nada não
O vasto, vasto vão
Do espaço até o spin

Do sem-fim além de mim
Ao sem-fim aquém de mim
Den' de mim

Experiência

MÚSICA DE CHICO CÉSAR
1996

Era uma luz, um clarão,
                  um insight num blecaute.
Éramos nós sem ação,
                  como quem vai a nocaute.
Era uma revelação
                  e era também um segredo;
Era sem explicação,
                  sem palavras e sem medo.

Era uma contemplação
                  como com lente que aumenta;
Era o espaço em expansão
                  e o tempo em câmara lenta.
Era uma tal comunhão
                  com o um e tudo à solta;
Era uma outra visão
                  das coisas à nossa volta.

E as coisas eram as coisas:
                  a folha, a flor e o grão,
O sol no azul e depois as
                  estrelas no preto vão.
E as coisas eram as coisas
                  com intensificação,
Que as coisas eram as coisas
                  porém em ampliação.

Era como se as víssemos,
                  entrando nelas então,
Com sentidos agudíssimos
                  desvelando seu desvão,
Indo por entre, por dentro,
                  aprendendo a apreensão
De tudo bem dês do centro,
                  do fundo, do coração.

Era qual uma lição
                del viejo brujo don Juan;
Uma complexa questão
                sem nexo qual um koan;
Um signo sem tradução
                no plano léxico-semântico;
Enigma, contradição
                no nível de um campo quântico.

Era qual uma visão
                de um milagre microscópico,
Do infinito num botão,
                e em ritmo caleidoscópico
Ciclos de aniquilação
                e criação sucessiva,
Átomos em mutação,
                cósmica dança de Shiva.

E as coisas ao nosso ver
                davam no fundo a impressão
De ser de ser e não ser
                a sua composição;
Como a onda tão etérea
                e a partícula não tão
Num ponto tal da matéria
                tanto 'tão quanto não 'tão.

Até que ponto resistem
                a lógica e a razão,
Já que nas coisas existem
                coisas que existem e não?
O que dizer do indizível,
                se é preciso precisão,
Pra quem crê no que é incrível
                não devanear em vão?

Era uma vez num verão,
    num dia claro de luz,
Há muito tempo, um tempão,
     ao som das ondas azuis.

E as coisas aquela vez
    eram qual foram e são,
Só que tínhamos os pés
    um tanto fora do chão.

Show de Estrelas

PARA TOMIO KIKUCHI
MÚSICA DE MARCELO JENECI
2008

Era uma chuva, era um show de estrelas;
Chovia estrelas pra dedéu.
Eram milhares de estrelas, uma chuva delas,
Caindo lá no chão do céu.
E
Diante da visão do firmamento,
Um pensamento vem ao coração:
De
Que cada um de nós não é senão uma estrela,
A brilhar no céu do chão.

Todos nós,
A brilhar, a brilhar,
Somos como luas e sóis
A girar, a girar...

E a chuva não cessava a sucessão
De pingos lá no chão do céu.
Era uma chuva de granizo de estrela em grão;
Chovia estrelas a granel.
E
Diante da visão do firmamento,
Na mente um sentimento se produz:
De
Que cada um de nós não é senão uma estrela,
Cada um, um ser de luz.

Todos nós,
A brilhar, a brilhar,
Somos sete bilhões de faróis,
A girar, a girar,
Tal como luas e sóis
A brilhar, a brilhar,
Como sete bilhões de faróis,
Todos nós, todos nós.

O Momento

MÚSICA DE LEO CAVALCANTI
2012

Tem um momento (que de todos é diverso)
Em que você se une ao todo, ao universo.

O tempo então congela (feito lá no polo).
Seu ego some, seu eu ergue-se do solo,

E sai voando entre as estrelas na amplidão.
Você se torna uma delas na explosão.

Dentro de si você vê uma grande luz;
Rompem-se todas as amarras e tabus.

Você mergulha e chega à raiz da vida,
Bebe na fonte do seu jorro sem medida,

Enquanto escuta a doce música distante,
Que toca fundo, ao fundo, infinda, nesse instante.

A eternidade então num lapso encapsula,
E a divisão entre você e o outro é nula.

Esse estado não é nenhum sonho impossível,
Algo irreal ou ideal, ou desse nível,

Nem tá vedado à multidão de abandonados
E reservado só a alguns iluminados,

Mas ao alcance de nós todos, qualquer um,
De qualquer homem ou qualquer mulher comum.

Você não chega lá por uma fé num deus;
Cê chega lá porque então cê é um deus.

Já cega por um raio de um clarão tremendo,
A carne do seu ser põe-se a vibrar, tremendo.

Esse é o momento, enfim, de sol e nebulosa
Em que você, meu caro, minha cara, ...

– Go-o-o-o-o-o-o-o-o-o-o-za!... –

... goza.

Milagre

MÚSICA DE ALZIRA ESPÍNDOLA E IARA RENNÓ
2003

Milagre!
Multiplicou-se em cem uma semente,
Em mil, em mil e cem, uma somente,
Uma semente só, tão resistente!

Milagre!
Dentro do ventre tal como um cometa,
Entre milhões apenas um gameta,
Não mais do que um gameta, chega à meta.

Milagres como esses são diários,
Mas não milagres extraordinários:
Milagres, mas milagres ordinários.

Milagre!
Que coisa incrível, sim, que coisa louca,
A guerra da saliva em minha boca
E a longa vida, oculta, da minhoca!

Milagre!
A efêmera beleza de uma flor!
O pouco odor, o tom marrom da cor
E a boa forma, firme, de um cocô!

Milagres como esses são diários,
Mas não milagres extraordinários:
Milagres, mas milagres ordinários.

Milagre!
Viver por toda a vida, todavia,
Morrendo e renascendo a cada dia,
Com o pé quente e a cabeça fria.

Milagre!
Provar o sal, o amargo, o doce, o agre!

E derramando a comovida lágri-
Ma, comprovar que a vida é um milagre!

Milagres como esses são diários,
Mas não milagres extraordinários:
Milagres, mas milagres ordinários.

Milagre, ah, milagre, oh, milagre!

Ronda 2

>MÚSICA DE ARRIGO BARNABÉ
>1986

Na noite alta
        os ratos rondam,
E no asfalto
        os carros roncam.

Bares e clubes luzem.
                Sinais.
Gangues de punks lúmpens
                    demais.
E prostitutas passam
              ao léu.
E viaturas surgem
            no breu.

Quando nas casas
            os justos dormem,
Quando não matam,
                os brutos morrem.

Os seus olhos
        filtram letras,
Luminosos,
      faroletes
              e holofotes;
Nos seus olhos
        se reflete
Todo o lume
      do negrume
                dessa noite.

Cena de bangue-bangue.
                    Faróis.
Tiras, bandidos, anti-
            -heróis.

Tiros e gritos: "cante"
                mortal.
Cena de sangue, lance
                normal.

E pelas ruas,
            peruas rugem;
Se abrem alas
            e as balas zunem.

De repente
          você treme,
E a sirene
          passa entre
                automóveis;
Em suspense
           você pensa:
O que pode
         com o ódio
                  desses homens?

O Jequitibá

MÚSICA DE JOSÉ MIGUEL WISNIK
2016

Não havia Masp nem seu vão,
Nem Fiesp, nem arranha-céu, nem casarão,
Nem Conjunto Nacional com seu relógio à vista.
Não havia bancos,
Não havia bancas,
Nem ciclovia, nem pista da Paulista.

Antes da torre global,
Do Itaú Cultural,
Do metrô
E da metrópole,
Da parada gay
E do réveillon,
Era ele, o velho, belo e bom
Jequitibá do Trianon.

Antes da Gazeta,
Das passeatas, atos, manifestações,
Antes da corrida São Silvestre;
Antes das antenas,
Centers e cinemas,
Das profusões...
De automóveis, bicicletas e pedestres,
Já tava ele lá
E ainda hoje tá:
O jequitibá!

Não Dá Pé

MÚSICA DE EDU LEAL
2008

Aqui, sem jacarandá,
Sem cambuci e sem jerivá,
Não dá, não dá;
Sem pau-marfim,
Sem resedá
E sem ipê,
Em SP,
Não dá, não dá,
Não dá pé!
Não dá pé!

Com tipuana e com pitangueira,
Aí dá pé, aí dá pé;
Sibipiruna, jabuticabeira,
Aí dá pé;
Com alfeneiro e com quaresmeira,
Aí dá pé, aí dá pé;
Pau-ferro, ipê-roxo, ipê-amarelo,
Aí dá pé.

Excesso
De cinza e escassez
De verde.
Extensas plantações
De prédios
E quarteirões
Inteiros
Sem uma árvore,
Ali em Santa Cecília e
Lá no Brás, lá na Sé.
Nenhum pé!
E só no mês de abril
Três mil
Já foram para o chão.
Ergueram mais torres altas.

Tal verticalização
Não dá pé!

Porém, com jacarandá,
Com cambuci e com jerivá,
Dá, sim, dá, sim;
Com pau-marfim,
Com resedá
E com ipê,
Em SP,
Dá, sim, dá, sim,
Sim, dá pé!
Assim, dá pé!

Rio Moderno

MÚSICA DE PEDRO LUÍS
2011

O Rio, cidade que é sede
Dos jogos do amor, excede
Em convites que são mais de mil
E vão do mais óbvio e vil
Ao mais tênue, mais sutil,
E fazem do Rio o Rio.
E quem teme ou não topa o que é bom
Do Leme até o Leblon
E em Copa do réveillon,
Dos ninhos de amor de Drummond?*
Do Sambódromo do seminu,
De um carnaval com glamour,
A um discreto Grajaú,
Sempre se rompe um tabu.
A beleza da força que há
Na natureza invulgar
Desse lugar singular
Convida-nos a amar.

O Rio, cidade com sede
De fogo de amor, concede
Liberdade para azaração:
Points, mato de montão
Para caça e pegação;
Praia, praça, calçadão.
Ipanema de cada sereia-
Gata sarada na areia,
De tanta bandeira gay a
Fazer olhar quem vagueia.
O ao redor da Rodrigo de Freitas,
Onde tu, amigo, espreitas
Perfis e pernas perfeitas,
Sonhando com quem te deitas.
E quem quer ficar só, por azar?
Lá na Lapa em cada bar,
Ao som do samba no ar,
Sorte de quem azarar!

O Rio, cidade que é sede
Dos jogos do amor, se excede
Na cachorra do morro que excita
O baile em que ela exorbita
No sexo que se explicita
No funk que ela exercita.
Mas o Cristo afinal Redentor
Vem abençoar o suor
De um par adorando o pôr
Agora no Arpoador.
A visão da baía que é duca
Causa a vertigem maluca
E eu quase morro da Urca
Ao pico do Pão de Açúcar.
Uma louca sugesta no ar,
De festa a se preparar,
De êxtase par e par,
Convida-nos a ficar**.

    VARIANTES:
*   Do Posto 6, de Drummond?
**   Convida-nos a trepar.

Ecos do "Ão"

MÚSICA DE LENINE
2001

Rebenta na Febem: rebelião.
Um vem com um refém e um facão.
A mãe aflita grita logo: "Não!"
E gruda as mãos na grade do portão.
Aqui no caos total do cu do mundo cão,
Tal a pobreza, tal a podridão,
Que assim nosso destino e direção
São um enigma, uma interrogação.

Ecos do "ão".

E se nos cabe apenas decepção,
Colapso, lapso, rapto, corrupção?
E mais desgraça, mais degradação?
Concentração, má distribuição?
Então a nossa contribuição
Não é senão canção, consolação?
Não haverá então mais solução?
Não, não, não, não, não.

Ecos do "Ão",
Ecos do "ão".

Pra transcender a densa dimensão
Da mágoa imensa, e tão somente então
Passar além da dor, da condição
De inferno-e-céu, nossa contradição,
Nós temos que fazer com precisão
Entre projeto e sonho a distinção,
Para sonhar enfim sem ilusão
O sonho luminoso da razão.

Ecos do "ão".

E se nos cabe só humilhação,
Impossibilidade de ascensão,
Um sentimento de desilusão

E fantasias de compensação?
E é só ruína tudo em construção?
E a vasta selva, só devastação?
Não haverá então mais salvação?
Não, não, não, não, não.

Ecos do "Ão",
Ecos do "ão".

Porque não somos só intuição,
Nem só pé de chinelo, pé no chão.
Nós temos violência e perversão,
Mas temos o talento e a invenção,
Desejos de beleza em profusão
E ideias na cabeçacoração;
A singeleza e a sofisticação,
O axé e a bossa, o tchã e o tomjoão*.

Ecos do "ão".

Mas se nós temos planos, e eles são
De nos tornarmos plenos cidadãos**,
Por que não pô-los logo em ação?
Tal seja agora a inauguração
Da nova nossa civilização,
Tão singular igual o nosso "ão".
E sejam belos, livres, luminosos,
Os nossos sonhos de nação.

Ecos do "Ão",
Ecos do "ão".

VARIANTES:
*   O choro, a bossa, o samba e o violão.
**   O fim da fome e da difamação,

Quadro Negro

MÚSICA (E REFRÃO E FINAL DA LETRA) DE LENINE
2001

No sub-imundo-mundo sub-humano,
Aos montes, sob as pontes, sob o sol,
Sem ar, sem horizonte, no infortúnio,
Sem luz no fim do túnel, sem farol,
Sem-terra se transformam em sem-teto,
Pivetes logo tornam-se pixotes;
Meninas – minixotas – miniputas,
De pequeninas tetas nos decotes.

Quem vai pagar a conta?
Quem vai lavar a cruz?
O último a sair do breu
Acenda a luz.

No topo da pirâmide, tirânica,
Estúpida, tapada minoria
Cultiva viva como a uma flor
A vespa vesga da mesquinharia.
Na civilização eis a barbárie:
É a penúria que se pronuncia,
Com sua boca oca, sua cárie,
Ou sua raiva e sua revelia.

Quem vai pagar a conta?
Quem vai lavar a cruz?
O último a sair do breu
Acenda a luz.

O que prometeu não cumpriu,
O fogo apagou,
A luz extinguiu.

Repúdio

MÚSICA DE PEDRO LUÍS
2005

São tantos que lotavam um estádio
Os presos espremidos nesse prédio.
São bestas-feras, vocifera o rádio,
De quem não vê saída nem remédio.

Um homem pode ali morrer de tédio;
Viver ali já é um genocídio.
A calma de repente só precede o
Momento de revolta no presídio.

Então em tiros, gritos de homicídio
E lágrimas de sangue, explode o ódio;
E a cena má invade a vida, o vídeo.

Que pena, que sistema, que episódio!
Que horror, que dor... que triste, que tripúdio!
Que dó... mas ó: nos resta esse repúdio!

Idade Média Moderna

MÚSICA DE PEDRO LUÍS
2016

Bela, ói que bela cidadela
De uma nova Idade Média!
Nela se encastela
Uma casta que dá costas à tragédia.

Eis
Uma ilha de tranquilidade.
Uma ilha que ninguém invade.
Uma ilha de paz no oceano
Turbulento da grande cidade.

Sim,
É mais um condomínio fechado
De alto luxo, de todos ilhado,
Isolado, alheado, alienado,
Apartado e apartheid-armado.

Eis a novidade,
Eis a nova: a Idade Média Moderna!
E a velha grade
Da exclusão que aqui entende ser eterna.

Na realidade,
Na real Idade Média moderna,
A sociedade
Não é nada igual, tão livre nem fraterna.

> Torre,
> Muro alto, guarita,
> Portão duplo, controle,
> Arma, alarme, sensor;
> Guarda,
> Fio de arame farpado,
> Câmeras, monitores,
> Cerca elétrica, medo,
> Vigilância, televisão...

Um esquema forte
Como um forte,
Como um campo de concentração,
Bunker ou abrigo,
Como domiciliar prisão,
Livre do perigo,
Da rua, da praça, do calçadão,
Livre da cidade,
Dos cidadãos,
Livre enfim da liberdade!

Manifestação

MÚSICA DE RUSSO PASSAPUSSO, RINCON SAPIÊNCIA E XUXA LEVY
2017

Aqui 'stamos na avenida,
Pelas ruas, pela vida,
Marchando com o cortejo
Que flui horizontalmente,
Manifestando o desejo
De uma cidade includente
E uma nação cidadã tra-
Duzida numa canção,
Numa sentença, num mantra,
Num grito ou numa oração...

... Por todo jovem negro que é caçado
Pela polícia na periferia
Por todo pobre criminalizado
Só por ser pobre, por pobrefobia;
Por todo povo índio que é expulso
Da sua terra por um ruralista;
Pela mulher que é vítima do impulso
Covarde e violento de um machista;

Por todo irmão do Congo ou lá de Angola
E cada sírio aqui refugiado;
Pelo menor de idade sem escola,
A se formar no crime condenado;
Por todo professor da rede pública
Mal pago e maltratado pelo Estado;
Pelo mendigo roto em cada súplica;
Por todo casal gay discriminado.

E proclamamos que não
Se exclua nada senão
A exclusão.

Aqui 'stamos nós de volta,
Sob o signo da revolta,

Por uma vida mais digna
E por um mundo mais justo,
Com quem já não se resigna
E se opõe sem nenhum susto
A uma classe dominante
Hostil à população,
Numa ação dignificante
Que nasce da indignação...

... Por todo homem algemado ao poste,
Tal qual seu ancestral posto no tronco,
E o jovem que protesta até que o prostre
O tiro besta de um PM bronco;
Por todo morador de rua, sem saída,
Tratado como lixo sob a ponte;
Por toda vida que foi destruída
Em Mariana e no Xingu, por Belo Monte;

Por toda vítima de cada enchente,
De cada seca dura e duradoura;
Por todo escravo ou seu equivalente;
Pela criança que labuta na lavoura;
Por todo pai ou mãe de santo atacada
Por quem exclui quem crê num outro deus;
Por toda mãe guerreira, abandonada,
Que cria sem o pai os filhos seus.

E proclamamos que não
Se exclua ninguém senão a exclusão.

Aqui e ali já se nota
Que um modelo se esgota.
Policiais não defendem;
Políticos não contentam;
Uns nos agridem ou prendem;
Outros não nos representam.

E aquele que não é títere,
E é rebelde, vai então
No WhatsApp, no Face, no Twitter e
Combina um ato ou ação...

... Por todo defensor da natureza,
E todo ambientalista ameaçado;
E cada vítima de bullying indefesa;
E cada transexual crucificado;
E cada puta, cada travesti;
E cada louco, e cada craqueiro;
E cada imigrante do Haiti;
E cada quilombola e beiradeiro;

Pelo trabalhador sem moradia,
Pelo sem-terra e pelo sem-trabalho;
Pelos que passam séculos ao dia
Em trens e ônibus e voltam um frangalho;
E a empregada que batalha, e como,
Tal como no Sudeste o nordestino;
E a órfã sem pais hétero nem homo,
E a morta num aborto clandestino.

E proclamamos que não
Se exclua ninguém senão
A exclusão.

Impelidos pelos ventos
Dos acontecimentos,
Louvamos os mais diversos
Movimentos libertários
Numa cascata de versos
Sociais e solidários
Duma canção de protesto
Qual canção de redenção,

Uma canção-manifesto,
Canção-manifestação...

... Por todo ser humano ou animal
Tratado com desumanimaldade;
Por todo ser da mata ou vegetal
Que já foi abatido ou inda há de;
E cada "mãe-de-maio" de inocente
Executado em noite de chacina;
E cada preso preso injustamente,
Ou onde preso e preso se assassina;

Pelo ativista de direitos perseguido
E o policial fodido igual quem ele algema;
Pelo neguinho da favela inibido
De frequentar a praia de Ipanema;
E pelo pobre que na dor padece
De amor, de solidão ou de doença;
E as presas da opressão de toda espécie,
E todo aquele em quem ninguém mais pensa...

E proclamamos que não
Se exclua ninguém senão
A exclusão.

Dando à vida e à alma grande
Um sentido que as expande,
Cantamos em consonância
Com os que sofrem: ofensa,
Violência, intolerância,
Racismo, indiferença;
As Cláudias e Marielles,
Rafaeis e Amarildos
Da imensa legião
De excluídos do Brasil, do S-
Ul ao norte da nação.

Nenhum Direito a Menos

MÚSICA DE PAULINHO MOSKA
2017

Nesse momento de gritante retrocesso,
De um temerário, incompetente e mau congresso,
Em que poderes ainda mais podres que antes
Põem em liquidação direitos importantes,
Eu quero diante desses homens tão obscenos,
Poder gritar de coração e peito plenos:

Não quero mais nenhum direito a menos.

Nesse país em que se vende por ganância,
Direito à vida, à juventude e à infância,
Direito à terra e ao aborto e à floresta,
À liberdade e ao protesto e ao que resta,
Eu grito "fora!" esses homens tão pequenos,
De interesses grandes como seus terrenos.

Não quero mais nenhum direito a menos.

Nessa nação onde se mata ou trata mal
Mulher e jovem, preto e pobre, índio e tal;
Onde nem lésbica, nem gay, nem bi, nem trans
São plenamente cidadãos e cidadãs;
Não quero mais cantar meus versos mais amenos,
A menos que antes seus direitos sejam plenos.

Não quero mais nenhum direito a menos.

Nesse Brasil da injustiça social
E duma tal desigualdade sem igual,
Queria ver os grandes lucros divididos
E os dividendos afinal distribuídos,
E os bilionários concordando com tais planos
E se tornando seres realmente humanos.

Não quero mais nenhum direito a menos.

Nesse momento de tão pouca luz à vista
E tanto ataque ao que é direito e é conquista,
Eu canto a bruta desistência, o desencanto,
Mas canto a luta, a r-existência, tanto quanto,
E quanto àqueles que ainda pensam que detêm-nos,
Eu canto e grito a pulmões no peito plenos:

Não quero mais nenhum direito a menos!

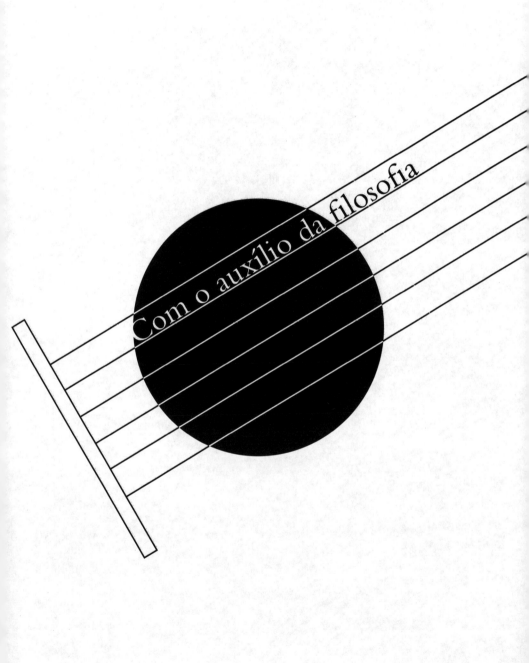

Samba de Amor e Ódio

MÚSICA DE PEDRO LUÍS
2005

Não há abrigo contra o mal,
Nem sequer
A ilha idílica na qual
A mulher
E o homem vivam afinal
Qual
Se quer,
Tão só de amor num canto qual-
Quer.

Erra
Quem sonha com a paz mas sem a guerra.
O céu existe, pois existe a terra.
Assim também, nessa vida real,
Não há o bem sem o mal,

Nem há
Amor sem que uma hora o ódio venha;
Bendito ódio, o ódio que mantém a
Intensidade do amor, seu ardor;
A densidade do amor, seu vigor;
E a outra face do amor vem à flor,
Na flor que nasce do amor.

Porém, há que saber fazer,
Sem opor,
O bem ao mal prevalecer,
E o amor
Ao ódio inserto em nosso ser
Se impor,
E à dor, que é certa, o prazer
Sobrepor-
-Se, e ao frio que nos faz sofrer,
O calor,
E à guerra enfim a paz vencer.

Erra
Quem sonha com a paz mas sem a guerra...

Vivo

MÚSICA DE LENINE
2004

Precário, provisório, perecível,
Falível, transitório, transitivo,
Efêmero, fugaz e passageiro:

Eis aqui um vivo.

Impuro, imperfeito, impermanente,
Incerto, incompleto, inconstante,
Instável, variável, defectivo:

Eis aqui um vivo.

E apesar
Do tráfico, do tráfego equívoco,
Do tóxico do trânsito nocivo;
Da droga do indigesto digestivo;
De o câncer vir do cerne do ser vivo;
Da mente, o mal do ente coletivo;
Do sangue, o mal do soropositivo;
E apesar dessas e outras,
O vivo afirma, firme, afirmativo:

"O que mais vale a pena é estar vivo!"

Não feito, não perfeito, não completo,
Não satisfeito nunca, não contente,
Não acabado, não definitivo:

Eis aqui um vivo.

Eis-me aqui.

Vivo

MÚSICA DE LENINE
VERSÃO DE P.FABRIZI
2006

Precario, provvisorio, dispersivo,
Erroneo, transitorio, transitivo,
Effimero, fugace e passegero:

Ecco qui un vivo.

Impuro, imperfetto, impermanente,
Incerto, incompleto, incostante,
Instabile, variabile, emotivo:

Ecco qui un vivo.

E affrontando,
Il traffico, del traffico equivoco;
Il tossico, del transito nocivo;
La droga e l'indigesto digestivo;
Il male che minaccia il corpo vivo,
La mente, il mal dell'ente collettivo;
Il sangue, il mal del sieropositivo;
E affrontando queste realtà,
Il vivo afferma, fermo, affermativo:

"Quel che vale davvero è restar vivo."

Sospeso, non perfetto, non completo,
Non soddisfatto mai, ne mai contento,
Così incompiuto e non definitivo:

Ecco qui un vivo.
Eccomi!

Envergo, Mas Não Quebro

MÚSICA DE LENINE
2011

Se por acaso eu pareço
Que agora já não padeço
De um mau pedaço na vida,
Saiba que minha alegria,
Como é normal, todavia,
Com a dor é dividida.

Eu sofro igual todo mundo,
Eu somente não me afundo
Em um sofrimento infindo;
Eu posso até ir ao fundo
De um poço de dor profundo,
Mas volto depois sorrindo.

Em tempos de tempestades,
Diversas adversidades,
Eu me equilibro e requebro;
É que eu sou tal qual a vara
Bamba de bambu-taquara:
Eu envergo, mas não quebro.

Não é só felicidade
Que tem fim, na realidade
A tristeza também tem.
Tudo acaba se inicia,
Temporal e calmaria,
Noite e dia, vai e vem.

E quando é má a maré,
E quando já não dá pé,
Não me revolto ou me queixo,
E tal qual um barco solto,
Salvo do alto-mar revolto,
Volto firme pro meu eixo.

E em noite assim como esta,
Eu cantando numa festa,
Ergo meu copo e celebro
Os bons momentos da vida –
E nos maus tempos da vida
Eu envergo, mas não quebro.

Lema

MÚSICA DE LOKUA KANZA
2007

Não vou lamentar
A mudança que o tempo traz, não,
O que já ficou para trás
E o tempo a passar sem parar jamais.

Já fui novo, sim; de novo, não...
Ser novo pra mim é algo velho.
Quero crescer,
Quero viver o que é novo: sim,
O que eu quero, assim,
É ser velho.

Envelhecer,
Certamente com a mente sã,
Me renovando,
Dia a dia, a cada manhã,
Tendo prazer,
Me mantendo com o corpo são –
Eis o meu lema,
Meu emblema, eis o meu refrão.

Mas não vou dar fim
Jamais ao menino em mim,
Nem dar de não mais me maravilhar
Diante do mar e do céu da vida.

E ser todo ser, e reviver,
A cada clamor de amor e sexo,
Perto de ser
Um deus e certo de ser mortal,
De ser animal
E ser homem,

E envelhecer,
Certamente com a mente sã,

Me renovando,
Dia a dia, a cada manhã,
Tendo prazer,
Me mantendo com o corpo são:
Eis o meu lema,
Meu emblema, eis o meu refrão.

Eis o meu lema,
Meu emblema, eis minha oração.

O Pássaro Pênsil

MÚSICA DE FLÁVIO HENRIQUE
2006

Parar
Pra não pensar,
Pra compensar,
Pra valer.
Parar
Pra não pirar,
Pra respirar,
Pra viver.
Parar
Pra não se atar,
Pra não se ater
Só ao ter.
Parar
Para se ater
Só ao ser.

Parar
Sem o fazer,
Sem afazer,
Sem dever.
Sem ver
Mais que horas são,
Mas que oração
Se dizer.
Orar
De cor, ação
De coração
E saber
Entrar-
Se, concentrar-
Se no ser.

Pense o espaço e o pássaro lá,
Pênsil, parado no ar;
Pense-o pairando, parando pra continuar...

Parar
Pra se calar,
Pra *se* falar,
Sem dizer.
Parar
Para zerar,
Para rezar,
Bendizer.
Parar
Pra desplugar-
Se, desligar-
Se do ter.
Parar
Pra religar-
Se no ser.

Pense o espaço e o pássaro lá,
Pênsil, parado no ar;
Pense-o pairando, parando pra continuar...

Todas Elas Juntas Num Só Ser

MÚSICA DE LENINE
2004

Não canto mais Bebete nem Domingas,
Nem Xica nem Tereza, de Ben Jor;
Nem Drão nem Flora, do baiano Gil;
Nem Ana nem Luiza, do maior;
Já não homenageio Januária,
Joana, Ana, Bárbara, de Chico;
Nem Yoko, a nipônica de Lennon;
Nem a cabocla, de Tinoco e de Tonico.

Nem a tigresa, nem a vera gata,
Nem a camaleoa, de Caetano;
Nem mesmo a linda flor de Luiz Gonzaga,
Rosinha, do sertão pernambucano;
Nem Risoflora, a flor de Chico Science –
Nenhuma continua nos meus planos.
Nem Kátia Flávia, flô de Fausto Fawcett;
Nem Anna Júlia, de Camelo, dos Hermanos.

Só você,
Hoje eu canto só você;
Só você,
Que eu quero porque quero, por querer.

Não canto de Melô pérola negra;
De Brown e Herbert, nem uma brasileira;
De Ari, nem a baiana nem Maria,
Nem a Iaiá também, nem a faceira;
De Dorival, nem Dora nem Marina
Nem a morena de Itapoã;
De Vina, a garota de Ipanema;
Nem Iracema, de Adoniran.

De Jackson do Pandeiro, nem Cremilda;
De Michael Jackson, nem a Billie Jean;
De Jimi Hendrix, nem a doce Angel;

Nem Ângela nem Lígia, de Jobim;
Nem Lia, Lily Braun nem Beatriz,
Das doze deusas de Edu e Chico;
Até das trinta Leilas de Donato
E da Layla de Clapton eu abdico.

Só você,
Canto e toco só você;
Só você,
Que nem você ninguém mais pode haver.

Nem a namoradinha de um amigo
E nem a amada amante de Roberto;
E nem Michelle-"ma-belle", do beatle Paul;
Nem Isabel – Bebel – de João Gilberto;
E nem B.B., "la femme" de Serge Gainsbourg;
Nem, de Totó, "na malafemmena";
Nem a Iaiá de Zeca Pagodinho;
Nem a mulata mulatinha de Lalá;

E nem a carioca de Vinicius
E nem a tropicana de Vicente e Alceu
E nem a escurinha de Geraldo
E nem a pastorinha de Noel
E nem a namorada de Carlinhos
E nem a superstar do Tremendão
E nem a malaguenha de Lecuona
E nem a popozuda do Tigrão

Só você,
Elejo e elogio só você,
Só você,
Que nem você não há nem quem nem quê.

De Haroldo Lobo com Wilson Batista,
De Mário Lago e Ataulfo Alves,
Não canto nem Emília nem Amélia:
Nenhuma tem meus vivas! e meus salves!
Nem Polly do nirvana Kurt Cobain
E nem Roxanne, de Sting, do Police;
E nem a mina do mamona Dinho
E nem as mina – pá! – do mano Xis!

Loira de Hervê e loira do É O Tchan,
Lôra de Gabriel, o Pensador;
Laura de Mercer, Laura de Braguinha
(*L'aur*a de Arnaut Daniel, o trovador?);
Ana do Rei e Ana de Djavan,
Ana do outro rei, o do baião:
Nenhuma delas hoje cantarei:
Só outra reina no meu coração.

Só você,
Rainha aqui é só você,
Só você,
A musa dentre as musas de A a Z.

Se um dia me surgisse uma moça
Dessas que, com seus dotes e seus dons,
Inspiram parte dos compositores
Na arte das palavras e dos sons,
Tal como Madelleine, de Jacques Brel,
Ou como Madalena, de Martinho,
Ou como Madalena, de Ivan Lins,
E a manequim do tímido Paulinho;

Ou como, de Caymmi, a moça pRosa
E a musa inspiradora Doralice;
Se me surgisse uma moça dessas,

Confesso que eu talvez não resistisse;
Mas, veja bem, meu bem, minha querida:
Isso seria só por uma vez,
Uma vez só em toda a minha vida!
Ou talvez duas... mas não mais que três...

Só você...
Tô só brincando com você;
Só você...
As coisas mais queridas você é:

Você pra mim é o sol da minha noite;
É como a rosa, luz de Pixinguinha;
É como a estrela pura aparecida,
A estrela a refulgir, do Poetinha;
Você, ó flor, é como a nuvem calma
No céu da alma de Luiz Vieira;
Você é como a luz do sol da vida
De Stevie Wonder, ó minha parceira.

Você é para mim e o meu amor,
Crescendo como mato em campos vastos,
Mais que a gatinha para Erasmo Carlos;
Mais que a cigana pra Ronaldo Bastos;
Mais que a divina dama pra Cartola;
Que a "domna" pra De Ventadorn, Bernart;
Que a honey baby para Waly Salomão
E a "funny valentine" pra Lorenz Hart.

Só você,
Mais que tudo e todas, só você;
Só você,
Que é todas elas juntas num só ser.

Todas Elas Juntas Num Só Ser – Número 2

2017

Não canto Ive Brussel, Denise Rei,
Dumingaz, Rita Jeep de Ben Jor;
Não canto a moça do galante Wando,
Nem canto a aeromoça de Belchior;
Nem Sarah nem a baby-blue de Dylan,
Nem Sally nem a doce Jane, de Lou;
Nem Angie nem a Lady Jane de Jagger;
Nem Scarlet Moon de Lee e de Lulu.

De Simon, nem Cecilia e Mrs. Robinson:
Só deixam minha lista mais extensa;
Nem la femme, l'amour de Reginaldo;
Nem la belle de jour de Alceu Valença;
De Assis Valente, nem Maria Boa;
De Lupicínio, nem Maria Rosa;
De Zé Ramalho, nem a mulher-frevo
Nem a nova, bonita e carinhosa.

Só você,
Hoje eu canto só você,
Só você,
Nem uma outra mais tem meu querer.

E dane-se Diana, de Paul Anka;
A falsa loira, de João Bosco e Aldir Blanc;
De Samuel Rosa com Chico Amaral,
A tal garota nacional, do Skank;
E Ruby e Georgia, musas de Ray Charles,
E Ruby, joia de Thelonious Monk,
E Ruby Tuesday, outra de Mick Jagger –
Além das tais mulheres honky-tonk;

Maria e mais Maria solidária,
De Milton Nascimento com Fernando Brant;
Maria, a escandalosa e a Candelária,

De Klécius Caldas com Armando Cavalcanti;
E de Caetano, para Cássia Eller,
A criatura, a gata extraordinária,
Como a menina do anel de lua
E estrela de Vinícius Cantuária.

Só você,
Eu sou quem flama, chama por você;
Só você,
Meu sal, meu mel mesclado com dendê.

Nem Sá Marina, de Gaspar e Adolfo,
Nem Dinorá, de Vitor com Ivan;
Izaura, de Herivelto com Roberti;
Clarice, de Caetano e Capinan;
Da miss de Bosco e Blanc, a Miss Suéter,
À de Roberto e Rita, a Miss Brasil 2000;
Nem Mabellene e a sixteen, de Chuck Berry;
De Little Richard, nem miss Molly nem Lucille.

E nem a mariposa de Adelino
E nem a marcianita de Alderete
E nem a moreninha de Zé Rico
E nem a mascarada de Elton e Zé Kéti
E nem a Colombina de Ed Motta
E nem a Cinderela de Rossini
E nem a burguesinha de Seu Jorge
E nem a Tiazinha – uh! – de Vinny!

Só você,
Eu hoje elevo e louvo só você,
Só você,
Que eu clamo e que eu declamo como o quê.

Da brasileira de Benito à espanhola

De Guarabyra e Venturini em dupla,
Nem a mineira de Nogueira com Pinheiro,
Nem a garota de Berlim de Supla,
Nem a de Gil garota do Barbalho,
Nem as de Herbert meninas do Leblon,
Nem a de Bowie, mina lá da China,
Nem as mulheres de LA de Morrison.

E, de José Fortuna, nem a índia,
Sangue tupi, a flor do Paraguai;
E, de João de Barro, nem Mimi,
A japonesa (sic) de Xangai,
E nem Chiquita lá da Martinica;
Nem, de Chico, as muchachas de Copacabana,
Nem a morena do chocalho lá de Angola;
E de Emicida enfim nem a baiana.

Só você,
Ninguém me inspira mais do que você,
Só você
Eu canto e eu decanto com prazer.

Jamais alguém já fez alguém fazer
Uma canção que nem você me fez;
Nem mesmo Rita e Martha, a Paul MacCartney;
Tampouco Yolanda, a Pablo Milanês;
Nem Conceição, a Dunga e Jair Amorim;
E nem Cristina, a Tim e Carlos Imperial;
Nem Florentina de Jesus, a Tiririca;
Nem Sandra Rosa Madalena, a Magal;

Jamais também um cantautor cantou
Numa canção assim a sua amada,
Nem Dylan totalmente apaixonado
À dama de olhos tristes da Baixada;

É justo então que você dê pra mim de vez,
Só dessa vez, eu juro pelos deuses!
Só uma vez... ou só mais umas dez...
Vezes dez vezes dez... vezes dez... vezes!

Só você,
Ninguém desejo mais do que você,
Só você,
Você, meu grande amor, meu grande tê.

Você é como a mina preciosa
De Péricles e Augusto com John Donne;
Como o xodó, a paz de Dominguinhos;
O bem-querer, o encanto de Djavan;
Como a sereia de Lulu com Nelson Motta;
A fada, a doce amada de Zezé;
Como a sofisticada dama de Duke Ellington
E como a puta de Odair José.

Você é para mim e o meu amor
Profundo, grande e largo como o mar,
Mais que a donzela foi pra Luiz Melodia,
Mais que Luzia foi pra Itamar;
Que Xanduzinha pra Luiz Gonzaga
E Capitu para Luiz Tatit,
E que a namoradeira pra Rincon e Lia
E que a praieira pra Nação Zumbi!

Só você,
Que é tudo, tudo, tudo, só você,
Só você,
Que é todas elas juntas num só ser.

Todas Elas Juntas Num Só Ser – Número 3

MÚSICA DE FELIPE CORDEIRO
2016

Domênica, Magnólia, Jesualda,
Magnética Adelita do Bidu;
A anônima Adelita lá do México;
Iná de Lupe; de Lalá, Juju;
Lola de Ricky Martin; Lola de Ray Davies;
De Buddy Holly, a bela Peggy Sue;
Suzie e Malena de Roberto, e aquela
De Pagodinho com o nobre Dudu;

Sebastiana de Rosil e Jackson;
De Gil, Luluza, Sandra, Rita Lee;
Elise de Ludwig van Beethoven;
De Julio Iglesias, Manoela e Nathalie;
Dona de Sá e Guarabyra; Donna
De Ritchie Vallens; Candida de Dawn;
Dindi de Tom e Anna de Lenine;
Aline de Christophe; Julia de John.

Só você,
Nenhuma dessas hoje eu canto, só você,
Só você
No meu playlist agora eu vou querer.

Silvia piranha, de Marcelo Nova;
Natasha, de Ouro Preto (Dinho) e Alvin Lee;
Zoraide e Marylou, de Roger Rocha;
Camila, do Nenhum de Nós – e eu nem aí...
E Beth que morreu, mais uma do Camisa;
Bete Balanço, do barão Cazuza;
E Beth Frígida, da Blitz de Evandro:
Nenhuma dessas hoje é minha musa.

Nem Mila de Netinho, nem Dalila
De Alan Tavares e o baiano Brown;
Mulher rendeira de Lampião e Zé do Norte;

Mulher elétrica de Mano Brown;
Pobre menina de Gileno e Lílian,
"Nina" veneno de Vilhena e Ritchie;
De John Coltrane, nem Mary nem Naíma;
De Miles Davis, nem Fran nem Nefertiti.

Só você
É minha musa única, você,
Só você,
Você e mais nenhuma pode ser.

Nem a mulata, outra de Ataulfo;
Nem a cabocla, outra de Barroso;
Nem a crioula, outra de Benjor;
Nem a branquinha, outra de Veloso;
Nem a dourada, outra de Nelsinho;
Nem a lourinha, outra de Braguinha;
Nem a morena, outra de Lalá;
E outra morena, mas de Gonzaguinha;

E nem a galopeira de Ocampo
E nem a violeteira de Montiel
E nem a lavadeira de Monsueto
E nem a estudante de Gardel
E nem a secretária de Amado
E nem a jardineira de Humberto
E nem a pomba-rola de Orestes
E nem a amapola de Roberto

Só você,
Que nem você há uma só: você,
Só você,
E sem você não tem mais nada a ver.

E eu digo adeus a Carol, de Sedaka,
E à Carolina Carol Bela, bem do Jorge Ben,
E à Carolina, bela do Seu Jorge,
E à de Buarque, eu digo adeus também;
Adeus à deusa Yara, mamãe d'água,
De Walter Franco, e adeus, adiós, adieu
À deusa do amor, do Olodum,
E à deusa do ébano, do Ilê Aiyê;

Do cabaré, à dama de Noel,
E, do cassino, à dama de Caetano;
De Alcir Vermelho, à dama das camélias,
E à de vermelho, de Waldik Soriano;
À Maria Bethânia, de Capiba,
À Maria Bonita, de Augustín;
À Maria La Ô, a de Lecuona,
E à Maria Ninguém, de Carlos Lyra; assim...

Só você,
Dama e deusa aqui é só você;
Só você,
E com você eu quero e vou viver.

De Fábio, Estela; Stella de Caymmi,
Stella de Victor Young; de Victor Jara, Amanda;
Fada de Victor Chaves; de Vitor Martins,
Vitoriosa; Rosa e Rita de Hollanda;
Mariana do Sergião; Mariane do Marrone;
Suzanne e Marriane de Leonard Cohen;
Suzana de Bob Nelson; Suzy Q do Créédence:
Todas me põem louco, e como põem...

A "tarja preta" dos Cordeiros com o Arnaldo;
Preta pretinha, de Galvão com o Moraes;
Nega neguinha, só de Bororó;

Neguinha, de Davi Moraes, e mais:
Nega maluca, de Fernando Lobo;
Doida demais, de Lindomar Castilho;
Totalmente demais, de Paes, Tavinho;
Todas eu verso mas só uma eu estribilho:

Só você,
No meu refrão rebrilha só você;
Pra você,
Minha canção de amor MPB.

Você pra mim é mais que as vagabundas,
Que as minas e que as mães dos Racionais;
É mais do que as mulheres de Martinho
Da Vila e de Toninho das Geraes;
É mais até do que pro Rappin' Hood
São as rainhas e as mulheres pretas;
Do que o menino-Deus e o do Rio
E o leãozinho pro leão Caetas.

Você é para mim e o meu amor
Brilhante e duradouro qual diamante,
Mais que a romântica senhora tentação
Pra Silas de Oliveira, minha amante;
Mais que a Bonita para Tom Jobim
E a bonitona para Geraldo Pereira;
Mais que a moça bonita pra Pedro Luís
E que as moças do samba de Roque Ferreira.

Só você
É mais que todas outras, só você,
Só você
É mais que todas elas num só ser.

Todas Elas Juntas Num Só Ser – Número 4

2017

Maravilhosa é cada nega de Ben Jor,
Seja famosa ou não tão conhecida,
Qual Palomaris, Berenice, Barbarella,
Qual Benedicta, Dorothy, Aparecida,
Qual a menina rosa, a moça ou a menina
Mulher da pele preta ou a miss X – e
No entanto eu canto aquela que é das negas
Pra mim a mais maravilhosa e a mais sexy,

Mais inclusive do que aquelas negas
De Pagodinho e de Paulinho da Viola,
E a negra, negra, negra como a noite,
De Maurício Duboc e Carlos Colla,
Entre outras belas musas de Roberto,
A nega, a amada amante, a namorada,
Que eu já não canto pois na minha voz não cola,
Só canto agora a que é por mim sempre cantada.

Só você,
Eu cantarei e canto só você,
Só você
Que a musa de Guilherme mais charmosa é.

Mais bela que a "formosa" do Vinicius,
Melhor que a "toda boa" do Psirico,
Mais bárbara que duas belas Bárbaras –
A do Buarque e a do César, outro Chico;
Mais gloriosa e graciosa do que Gloria e Grace,
Do Bono, que comigo não têm brecha;
E mais gostosa que duas "gostosas" –
A do Benjor e a de Claudinho com Buchecha.

Mais doce do que a "doce e amada dama"
De George e Ira Gershwin para mim;
Mais doce até do que o doce de coco

De Hermínio Bello com Jacó do Bandolim;
Mais doce mesmo que o doce vampiro
De Rita Lee e mesmo do que o sangue dos
Meninos e meninas que é sugado
Pelo vampiro Jorge Mautner de olhos lânguidos!

Só você
É mais que todos eles, só você,
Só você
Garante o meu direito e o meu cachê.

Terezinha de Chico, de Benjor;
Gabriela de Tom, de Dorival;
Tieta de Caetas, de Luiz Caldas;
Mulher de Erasmo, de Sadi Cabral;
Mulher também de Arlindo, de Projota;
Renata do Latino, do Tihuana,
Irene – as de Fidenco, Adoniran,
Velô, Beto Sem Braço e Geovana;

Teresa de Raul Torres e João Pacífico;
De Tom Jobim e Billy Blanco e nenhum dono;
Ângela de Serginho Meriti, de Tom,
De Raul Seixas, de John Lennon e Yoko Ono;
E Margarida, de Vital Farias,
De Gutemberg Guarabira a bela flor;
E Monalisa, enfim, de Nat King Cole
E de dois Jorges: o Versilo e o Benjor –

Ah, você,
Essas não se comparam a você,
Ah, você,
Nem de Torquato Neto a zabelê.

Sinhá Pureza de Pinduca, do Pará,
E sinhazinha de Arrigo Barnabé;
Menina de castanhos olhos, de Van Morrison;
Menina de cabelos longos, de Agepê;
Menina moça de Luís Antonio;
Guajira, a camponesa de Carlos Santana;
De René Bittencourt, a sertaneja,
E de Orestes Barbosa, a suburbana;

Raposa-dama, amor de Jimi Hendrix;
Garça vadia de Guilherme e Cavaquinho;
Gatinha-misse de Wilson Moreira;
Loba-Alcione de Rezende com Juninho;
Miss Lindoneia feia de Velô; coisinha
Bonitinha de Almir, Luiz Carlos e Aragão;
A dona da cabeça de Geraldo e Fausto,
E a dama, enfim, do vagabundo Safadão.

Mas você
É mais que elas e eu sou mais você;
Qual você
Nem Silvia de Luis Vagner pode ser;

Nem Etelvina, de Pereira com Batista,
E nem Kalu, amada do Doutor Baião,
Nem Daniela, DNA de Zé Miguel,
Nem Dani do Biquíni Cavadão,
Nem a Diana suja e má de Michael Jackson,
Nem a Vitória de Vicente Celestino,
Nem Luciana de Paulinho Tapajós,
E nem Roberta, a italiana de Peppino;

Nem a mulher americana do Gess Who;
De Clara Nunes, a baiana, baianinha;
Nem a menina jerseyana de Tom Waits;

E nem de Tito Madi a gauchinha;
E nem Maria gasolina do Latino,
E nem Maria Bago Mole de Tom Zé,
E nem Marina gasolina anfetamina,
Nem Kanyê do Bonde do Rolê. Pois é...

Só você,
Somente, apenas e tão só você,
Só você,
A minha "one and only you" só você é.

Você pra mim é como o amor em cada porto
De Antonio Cicero e Marina Lima;
Como a paixão de Kleiton e Kledir
E a linda flor de Luiz Peixoto, em minha rima;
É como a glamurosa do MC Marcinho
E como a poderosa de Anitta;
Que nem pra Lorenz Hart e Richard Rodgers,
A minha obra-de-arte favorita;

Pois eu a quero mesmo, como a esfarrapada,
Mulher esfomeada de Monsueto;
Com o defeito e o jeito de toda menina
Baiana de Gilberto, "aquele preto";
Como a garota carioca de Fernanda;
Como a garota de programa de Cole Porter;
Que nem Ana Luiza de Jobim,
Ana Maria e Celia de Wayne Shorter.

Só você,
Das musas minha musa é só você,
Só você
Que é todas elas juntas num só ser.

Todas Elas Juntas Num Só Ser – Final

2016

Por adorá-la mais que Dorival
A Dora, Doralice, Gabriela,
E por querê-la mais do que Cazuza
Pôde querer Querelle, ó minha estrela,
Por horas, dias, mil e uma noites,
Eu mais de mil canções evocaria
Nessa canção e tão somente nela,
Pra ter você pra sempre e mais um dia;

Canção que é feita de canções já feitas
Pra se cantar alguém, alguém qualquer,
E que são feitas sempre, pois tem sempre,
Pra se cantar, alguém a quem se quer,
Como você, que é uma canção em si,
Como essa aqui, que é uma canção sem fim,
Pois não acabam as canções de que ela é feita,
Nem por você o meu querer tem fim.

Só você
Faria-me fazê-la, só você,
Só você
Me inspira – e eu transpiro no fazer.

E pausa e finda assim num pseudofim,
E para aqui pra que não se prolongue,
A minha "Sad Eyed-Lady of the Lôwlands",
A minha "You're The Top", minha list-song,
Canção cantada escrita dita dada
Tão só para você, que para mim
É tal como o cherie amour de Wonder
E assim como a querida de Jobim,

Canção que cessa mas que recomeça,
Que o rol de músicas e musas não acaba,
De "Maringá", de Joubert de Carvalho,

Até "Mulher do Paraná", de Sorocaba,
Além do mais sua beleza é uma grandeza
Que nem numa canção como essa cabe,
E faz com que o desejo por você
Que nunca cessa em mim não mais acabe.

Só você,
Você, você, você e só você,
Só você
É todas elas juntas num só ser.

Lud

MÚSICA DE FLÁVIO HENRIQUE
2005

SP,
Aqui só nesse apê,
Eu penso em vc,
Aí em BH.
Ah, por que
Você não vem pra cá?
Tô com saudade, pô,
Tô de dá dó...

Minha rainha-sinhá,
Será que existirá você?

Porque em você tem um não-sei-quê,
Que não tem lógica nem se vê;
Será que é mágica, iLUDe e me iludirá?

Que doce, suave leveza, nó!,
Força da delicadeza, ó,
Gema da mina de minas que Minas nos dá.

Com você,
Eu danço um pas-de-deux,
Eu faço até balé,
Eu por você, ói só:

Vou até
A pé até Belô;
Retomo o café-
Com-leite, sô...

Minha rainhazinha,
Será que existirá você?

Por seus "inhos" tão carinhosos, só,
Por seu jeitinho charmoso, só,
Saio daqui d'"onqotô", vou praí "oncetá".

Agora só quero que aponte a ponte
São Paulo-Belo Horizonte
E eu pinte em Santa Tereza, de Vila Madá.

MAIS NOMES, AMORES, ENUMERAÇÕES

Caterina

MÚSICA DE CACÁ MACHADO
2015

Gata Catê, catita Cá, bonita Cate,
Colírio pra visão, perfume pra narina,
Feliz de quem te toque e pela mão te cate,
Em Nova York, Sampa ou Santa Catarina.
Tudo iluminas, tudo luz, quando tu vens, com cate-
Goria, num vestido lindo de vitrina.
Meu intelecto dança se de lá pra cá te
Vejo passando, leve como bailarina.

Meu coração amante manda que eu acate
A lei do teu desejo, minha csarina,
E pede que teu corpo em flor não se recate,
Nesse meu peito que pandeira e tamborina.
Teus seios vitaminam mais do que abacate.
Teus lábios deliciam mais que nectarina.
Não há quem mais cative, quem mais desacate,
Enquanto eu me encanto, e quanto, Caterina.

Verônica

MÚSICA DE MARCELO JENECI
2009

Epifânica!
Fotogênica!
Helênica!
Titânica!
Vitamínica!
Apolínica!
Hegemônica!
Mediúnica!
Ela é única!:
Verônica!

Luzia Luzia

MÚSICA DE JOTA VELLOSO E WAGNER ARGOLO
2012

Luzia um raio de sol
Um pôr de sol em Trancoso
Um sinal um girassol
Um anúncio luminoso
Luzia uma nuvem rosa
Uma neve cintilante
Uma pedra preciosa
Um verdadeiro brilhante
Luzia um feixe de gêiser
Uma taça de cristal
Um poema em raio laser
Uma aurora boreal
Luzia uma mina de ouro
Uma aura um tesouro
Uma tela de TV
Luzia
Luzia você

Luzia a pétala fina
Luzia a pérola clara
Luzia a gema da mina
Luzia a joia mais rara
Luzia o fogo mais lindo
Do Rio no réveillon
Copacabana explodindo
E o seu nome em neon
Luzia a gota de orvalho
Numa pétala de flor
Uma camélia NO galho
Uma lágrima de amor
Luzia o grão da alegria
A fonte da fantasia
Luzia a flor do querer
Luzia
Luzia você

Luzia a chuva de prata
Do meu luar do sertão
Luzia o facho na mata
Da serra na cerração
Luzia o farol de Olinda
O pingo de mel na boca
Mistério que se deslinda
E o botão da rosa louca
Luzia a cálida chama
Dessa flor desabrochando
Luzia a pálida flama
Do olhar da santa gozando
Luzia um brinco um farol
Um anel um videowall
Luzia um véu um buquê
Luzia
Luzia você

Luzia uma lantejoula
Do rural maracatu
Luzia a flor da papoula
De um ipê no Pacaembu
Luzia o fogo do afago
O claro brilho do olhar
Luzia a Lua no lago
No qual eu fui me afogar
Luzia a estrela no véu
Da minha noite sem fim
Luzia o espelho do céu
Luzia o céu para mim
Luzia tudo que eu via
Tudo que eu vejo e veria
Tudo que eu desejo ver
Luzia
Luzia você

A Lua

MÚSICA DE FELIPE CORDEIRO
2016

Belas, brilhando na noite,
Estrelas a reluzir:
Maria, Dalva, Alcione,
Nair, Carina, Altair.

Nenhuma delas eu olho
Como eu olho a Lua.
Eu sou mais a Lua,
A me atrair...

A Lua,
Coberta ou nua...

Lindas, luzindo na noite,
Feito Estelitas no céu:
Tétis, Miranda, Dione,
Nereida, Helena, Ariel.

Nenhuma delas eu canto
Como eu canto a Lua.
Eu sou mais a Lua.
A Lua, meu céu.

A Lua,
Coberta ou nua...

A Lua,
Que se insinua...

Sá

MÚSICA DE JORGE DREXLER
2016

Quando meus olhos adentro
Em teus olhos, em seu centro,
Por um momento profundo,
O que eu desejo é que dentro
Em pouco eu fique por dentro
Do que desejas, no fundo.

No fundo qualquer que seja
O desejo que lateja
E que tu velas, intato,
Revele-se de repente
Não em palavras somente,
Mas em toque, em tato, em ato.

No ato seria lindo
Ver a flor, entreabrindo,
De teus lábios e teus lábios
Por bem se dando, cedendo,
Se concedendo, fazendo
A delícia de quem sabe-os.

Quem sabe o afago que acende o
Teu fogo cause um incêndio,
E eu me queime na luz
Da chama da flor do sul, Sá,
Do teu desejo que pulsa,
Quando entro em teus olhos nus.

Quando em teus olhos adentro
Os meus olhos, em seu centro,
Como dentro de uma saia
Indo por baixo, por entre,
Tudo que eu quero é que eu entre
Em ti e nunca mais saia.

Canção Pra Ti

MÚSICA DE ANA CAROLINA E MORENO VELOSO
2013

Por te querer de cara e coração
Preciso te fazer uma canção

Que seja bela, que se possa amar
Como um golaço, um passe de Neymar
Como um passo no ar do Grupo Corpo
O cello de Jaques Morelenbaum
A rima e o ritmo de Mano Brown
Em cada frase, estrofe e no refrão
Será que eu sou capaz de tal canção?

Que tenha algo em excesso ou algo excelso
Como uma peça, um ato de Zé Celso
Como um poema de Augusto de Campos
Como uma letra de Arnaldo Antunes
Como uma estampa de Alberto Pitta
A mim não falte empenho e arte, não
Será que eu sou capaz de tal canção?

Que valha o investimento de neurônios
Qual pensamento de Antonio Cicero
Qual um ensaio de Risério, Antonio,
Qual uma ideia de Rogério Duarte
Qual um cenário de Helio Eichbauer
De pau ereto (power) de tesão
Será que eu sou capaz de tal canção?

Que revele um requinte em "mots et son"
Como um desfile de Gisele Bundchen
Como uma foto de Bob Wolfenson
Como a visão de Eduardo Viveiros
E como a voz de Sonia Guajajara
Com rima rara e aliteração
Preciso te fazer essa canção

Que luza qual poema em raio laser
Como a ciência de Marcelo Gleiser
O axé de Mãe Carmen do Gantois
O fôlego e a yoga de Iyengar
E a palavra-chave de Kikuchi
Que um outro escute com muita atenção
Será que eu sou capaz de tal canção?

Que alegre e que comova no seu auge
Como o cinema de Pedro Almodóvar
Como o Tanztheater de Pina Bausch
Como a chegada da Estação Primeira
Como a saída do Ilê Aiyê
Que dê ideia da minha afeição
Será que eu sou capaz de tal canção?

Na qual não haja nada fosco ou tosco
Qual um artigo de Francisco Bosco
Qual uma tradução de Boris Schnaiderman
Qual realização de Yael Steiner
Qual um menu da chef Bela Gil
Por seres uma em mil se faz então
Preciso te fazer essa canção

Que seja foda, aguda, fina, chique
Qual livro de José Miguel Wisnik
E a moda na São Paulo Fashion Week
E fique no YouTube e se remixe
E no teu coração enfim se fixe
Te quero tanto, com tal obsessão
Que é capaz de eu ser capaz de tal canção

Partas Não

MÚSICA DE LOKUA KANZA
2004

Partas não,
Que tu partes o meu coração.
Se partes daqui,
Se de súbito me apartas de ti,
Oh, meu bem,
Assim me apartas afinal de mim,
Pois também
Parte de mim contigo parte, sim.

Se tu partes,
Tu me partes;
E pra onde fores, onde for,
Pra Paris ou pro Pará,
Para lá irá o meu amor.

Se tu partes,
Tu me partes;
E pra onde fores, onde for,
Pra Paris ou Paraíba,
Para aí irá o meu amor.

Partas não,
Porque tu partes o meu coração
E o meu ser
Em duas partes, meu bem-querer;
Uma aqui,
Aqui onde eu ficarei, sem ti;
Outra lá,
Lá onde fores, minha flor, parar.

Baião Pra Uma Baiana em São Caetano

MÚSICA DE MORAES MOREIRA
2012

Baião,
Vai àquela baiana em São
Caetano, São Paulo, onde estão
Minha mente e meu coração,
E chegando por MP3,
Diz que eu ando infeliz outra vez,
Que ela volte, pra me consolar,
Ao meu lar.

Baião,
Diz a ela, que é lá de onde são
O Galvão, o Waltinho, o João*,
Juazeiro, Bahia, sertão,
Que nem lá, nem no grande ABC,
Um desejo maior não se vê;
Quem a queira assim como eu
Não nasceu.

Tendo todo o passado que tens,
Tendo sempre passado as mens-
Agens belas dos males e bens
Do amor,
Passa mais essa aqui, por favor,
Pra baiana fatal, que é a tal
Que me dana e me causa, afinal,
Tanto bem e também tanto mal.

Baião,
Diz a ela que um dia eu fui são,
E a loucura, a doença, a paixão
Hoje atacam o meu coração,
E o remédio só ela que tem,
Porque dela é o veneno também;
"Louco" é pouco pra me definir;
C'est fini.

VARIANTE:
*   O Galvão, a Ivete, o João,

Nova Trova

MÚSICA DE ZECA BALEIRO
2015

Vá, meu canto, voe;
Encante, meu vocal;
Vá por algum meio
Até quem me intui
Uma nova trova:
Minha Lua-Sol,
Dama a quem eu amo sem domar:
Não pode haver
Mulher melhor.

Vá, meu verso, ecoe,
Inverso, virtual;
Vá por um e-mail
A quem a luz distribui;
Quem tudo renova:
Gema clara Sol,
Alma à qual almejo me algemar;
Poder saber
O seu sabor.

Aí eu vou cobrir seu corpo,
Que é lindo como o quê,
De tantos beijos quantas flores há em cada ipê
Que lá em Sampa dá.
Depois enfim de abrir seu corpo,
De remirá-lo hei;
E ainda rindo, admirá-lo-ei,
À luz da lâmpada.

Vá, canção, ressoe,
No áudio, no dial
De quem num meneio,
Formosa, me possui
E faz que o Sol chova,
Gira-gera-sol:
Dona que eu sem dano hei de adonar;
Seu dono ser,
Ter seu amor.

Te Adorar

MÚSICA DE LOKUA KANZA
2005

Nada mais me atrai
Que tua tez morena, ai, ai.
Talvez por eu ser o teu servo,
Com certa obsessão a observo.

Nada faz brilhar
E agrada mais ao meu olhar;
Pois se eu te vejo, meu buquê,
Vejo o que eu mais desejo ver,

A te adorar, parado em ser teu par,
A te adorar, dourar, dourar...
Te ver me dar tudo que és,
Da cabeça até os pés.

Nada mais me traz
Felicidade e paz
Do que ver-te e ver-te sorrir.
É como sorver um elixir.

Fico a te focar;
Mergulho fundo no teu olhar.
Mesmo quando o gozo já vem,
Eu me afundo bem ali e além,

A te adorar, parado em ser teu par,
A te adorar, dourar, dourar...
Te ter, me dar a tudo que és,
Da cabeça até os pés.

Te adorar...
Te adorar, dourar, dourar...
Te ver me dar tudo que és,
Da cabeça até os pés.

Te adorar...
Te adorar, dourar, dourar...
Te ver me dar tudo que és,
Dez mil vezes, mil vezes dez!

Pronto Pra Próxima

MÚSICA DE JOÃO BOSCO
2009

Ela incendiou meus dias mornos e normais,
Muito embora às vezes meio tonta...

Mas qualquer mulher não faz as coisas que ela fez;
Mais prazer não dá do que me dava toda vez.
Negra, linda, leve, nova, vejam vocês,
Com nitidez:
Eis minha ex.

Diante do eclipse desse amor,
Ante seu antirresplendor,
A noite vem reacender
Memórias do calor e do clarão
De cada instante de explosão
Irradiante de prazer.

Me tirando o sono e roubando a minha paz,
O desassossego toma conta.

Portanto o que me importa é pôr um ponto
Enfim nas contas desse amor,
Em cada contra, em cada pró,
E me dispor pro próximo e estar pronto
E ir ao encontro do que for:
O que já era já é pó.

Quero agora uma nova ela,
Pro meu dia irradiar
E meu coração sorrir;
Uma nova ela, nova estrela,
Pr'eu seguir e me guiar,
Me guiar e me seguir.

Coração Sem Par

MÚSICA DE PEDRO LUÍS
2009

Meu coração sem par,
Sempre a querer teimar,
Teima em querer queimar,
Por não poder não amar.

Meu coração não entende
Nem quer saber de razão,
Pois a razão que ele tem de viver
Vem de morrer de paixão.

Eu tento em vão parar
Meu coração – O quê!
Ei-lo outra vez a amar,
De novo em brasa,
Sem parar, porque

Meu coração sem par,
Sempre a querer teimar,
Teima em querer, queimar,
Por não poder não amar.

Meu coração não se entende
Com o saber da razão,
Pois a paixão que ele tem de viver
Vem de morrer de paixão.

Eu tento em vão parar
Meu coração – O quê!
Eis-me outra vez a amar,
De novo em brasa,
Sem parar, porque

Meu coração ímpar,
Sempre a querer teimar,
Teima em querer queimar,
Por não poder não amar.

Ah coração mais rebelde,
Do qual não sou domador;
Vive na vida o papel de
Louco amante do amor.

Mundo em Expansão

MÚSICA DE JOÃO BOSCO
2013

Tudo o que há no mundo, o universo,
Té o que tá no fundo, no inverso —
Toda a amplitude do oco do céu
Cheio de objetos num véu —
Tudo, contudo, contido no vão
Do espaço do coração.

Mundo, que vasto mundo de tão grande,
Mundo que afunda, afasta-se e expande,
Como um balão de galáxias, aliás,
Inflando, inflando de gás,
Tanto e no entanto cabendo enfim
Na alma que há em mim.

Como então, de repente,
Coração, alma, mente
São tão só ocupados por um ser,
Que toma todo o infinito
Que no meu eu eu reflito
E que não é ninguém mais que você…
Você que faz, oh pequena,
A minha vida tão plena,
O meu amor e o meu mundo crescer?!

Nus

MÚSICA DE ARNALDO ANTUNES
1986

Nos miramos, nos admiramos,
Nos sentimos, nos consentimos,
Nos colamos, nos descolamos,
Nos pegamos, nos apegamos,
Nos laçamos, nos enlaçamos,
Nos tentamos, nos contentamos,
Nos velamos, nos revelamos,
Nus;

Nos cedemos, nos excedemos,

Nos deitamos, nos deleitamos,
Nos manchamos, nos desmanchamos,
Nos provamos, nos aprovamos,
Nos gostamos, nos degustamos,
Nos comemos, nos comovemos,
Nos amamos, nos amarramos,
Nos prendemos, nos surpreendemos,
Nus;

Nos ilhamos, nos maravilhamos,

Nus.

Nós

MÚSICA DE SÉRGIO BRITTO
1988

Nos miramos, nos admiramos,
Nos sentimos, nos consentimos,
Nos tentamos, nos contentamos,
Nos captamos, nos capturamos,
Nos rendemos, nos desprendemos,
Nos colamos, nos descolamos,
Nos levamos, nos revelamos,
Nos abrimos, nos descobrimos,
Nos deitamos, nos deleitamos,
Nos gostamos, nos degustamos,
Nos provamos, nos aprovamos,
Nos comemos, nos comovemos,
Nos amamos, nos amarramos,
Nos lançamos, nos enlaçamos,
Nos cedemos, nos excedemos,
Nos prendemos, nos surpreendemos.

eu gosto do meu corpo

MÚSICA DE PAULINHO MOSKA
2013

eu gosto do meu corpo
quando ele está com o seu;
eu gosto do seu corpo,
do que ele faz com o meu;

é o que há de novo,
e que se dá de novo,

dia após dia,
mês após mês;
a cada dia,
a cada vez,
nunca é demais,
sempre é demais.

eu gosto do meu corpo
e gosto do seu corpo;
eu sei do que ele gosta
e gosto do que ele faz;

gosto disso, daquilo,
daqui, dali,
e de tudo mais,
e nada mais.

eu gosto do seu corpo
e de fazer o que ele faz;
eu gosto do seu corpo
e do prazer que ele me traz.

("i like my body when it is with your
body; i like your body…")

Mais Que Tudo Que Existe

MÚSICA DE PAULINHO MOSKA
2013

De tudo que se vê e que se toca,
Nada me toca tanto como tu,
Da flor da pele até o céu da boca,
Do sul ao norte do teu corpo nu.

E eu te vejo e devoro, viajo e demoro
Nas formas e no conteúdo;
E te adoro, e te adoro, e te adoro (e te adoro)
Mais que tudo que existe, que tudo, que tudo.

Transando assim contigo é que eu transcendo;
É quando eu vou além do que sou eu.
Trançando no teu corpo num crescendo,
Sinto meu eu continuar no teu.

E eu adentro teu centro, que eu vero venero,
E me prendo, dali não desgrudo;
E te quero, e te quero, e te quero (e te quero)
Mais que tudo que existe, que tudo, que tudo.

Além da tua voz e o do teu gozo
Só tem um som tão bom e nada mais:
O do teu nome – nome luminoso;
É a palavra que me agrada mais.

E eu murmuro teu nome, e te chamo, e te chamo
Com o corpo tomado, tesudo;
E te amo, e te amo, e te amo (e te amo)
Mais que tudo que existe, que tudo, que tudo.

Todas las Cosas Que Están en el Mundo

MÚSICA DE PAULINHO MOSKA
VERSÃO DE FITO PAEZ
2015

De todo lo que veo y lo que toco,
Nada me gusta tanto como tú,
Desde tu piel al cielo de tu boca,
Tu cuerpo abierto, tu norte y tu sur.

Y te veo y devoro y te viajo y demoro,
Los siglos se vuelven segundos.
Y te adoro, te adoro, te adoro
Sobre todas las cosas que están en el mundo.

Transando con vos me vuelvo loco,
Me voy tan lejos, lejos cada vez.
Trenzándome en tu cuerpo en un crescendo,
Yo sé muy bien, yo sé que vos sabés.

Y penetro tu centro que amo y venero,
Me quedo en tu espacio profundo.
Y te quiero, te quiero, te quiero
Sobre todas las cosas que están en el mundo.

Ya harto de cantar tantas canciones
De tanta gente, tanto bla bla bla,
Escucho el sonido de tu nombre,
Y es la palabra que me agrada más.

Te regalo mil flores, te llamo, te llamo
Y me pierdo en tu cuerpo desnudo.
Y te amo, te amo, te amo
Sobre todas las cosas que habitan el mundo.

Mar e Sol

MÚSICA DE LOKUA KANZA
2005

Um sol
Eu sou
Para o seu mar, ó meu amor;
Você
O mar é
Para o meu sol, para eu me pôr;

Me pôr
Em você,
Me espelhar, me espalhar;
Meu sol
De arrebol
Deitar no leito de seu mar.

E entrar em você,
Em você queimar, arder;
Em você tremer, em você,
Em você morrer, morrer.

Um só,
Um nó
De fogo e água, terra e céu,
A sós,
Somos nós,
De corpo e alma, você e eu;

E eu
A descer,
A desnascer, desvanecer;
A ser
Em você
Um sol a se dissolver,

Ao entrar em você,
Em você queimar, arder;

Em você tremer, em você,
Em você morrer, morrer.

Depois,
Nós dois,
Olhos nos olhos, vis-à-vis,
Nos seus
Olhos meus,
Me vejo no que vejo ali.

Ali,
Eu-você,
Olho no olho a se espelhar,
Amor,
Sem temor,
Olho o que eu olho me olhar –

Ao entrar em você,
Em você queimar, arder;
Em você tremer, em você,
Com você morrer, morrer.

Paixão de fogo de paixão
De fogo de paixão
De fogo de paixão

Em que me afogo de paixão,
Me afogo de paixão,
Me afogo de paixão.

Sexo e Luz

MÚSICA DE LOKUA KANZA
2005

Quando o sol
Abaixou
Num dia tão monótono,
A paixão
Me deixou
Atônito.

Me tirou
Da rotina,
E num momento único,
Alterou
Meu destino
De súbito.

Aí,
Saí do vale do meu tormento,
E fui
Cair no lago do teu amor;
Ali,
Aliviei todo o meu sofrimento,
E ui,
Me vi gemendo de prazer que nem de dor.

Enfim, lancei de mim um grito;
E em ti, fui um com o infinito.

E no céu
Do meu eu,
No íntimo, no âmago,
Acendeu
Um límpido
Relâmpago.

No ápice,
Em átimos

Que pareceram séculos,
Eu me banhei
E me lavei
Em sexo e luz.

Então,
Além do monte, além do horizonte,
Ah sim,
Além do mundo, além da razão,
Oh não,
Bebi do poço sem fundo, da fonte
Sem fim,
O poço do desejo, a fonte da paixão.

Enfim, lancei de mim um grito;
E em ti, fui um com o infinito.

Meu ABC

MÚSICA DE ROBERTO DE CARVALHO
1992

Hello, my dear
No que posso servir?
Pode me usufruir
So nice to see you here
Qu'est-ce que vous fait plaisir?

Que tal ma belle
Una luna de miel
Na nossa louca Babel?
Endiabrados no céu
Like two angels from hell

Com você, meu ABC
Je suis enchanté con te
Con te, à coté
Em turnê por você

Mon amour
Baixa a luz do abajur
E beija a espada de Artur
Espalha em mim seu glamour
Minha belle de jour

Pra ser seu rei
Me escravizarei
So, lady, stay, lady, lay
Adesso io direi
Baby, I just want to play

Com você, meu ABC
Je suis enchanté con te, con te à coté
Em turnê por você

Niña
Que canto em la canción
Seja minha
Non, non, non me dire non
Yo te quiero
Con obscena obceción
El dia entero
On and on and on and on

Ceia de Natal

MÚSICA DE BETO LEE
2001

Não faz cu-doce, doçura,
Não me diga que tá mal,
Com ressaca de pileque
Ou cólica menstrual.

Baby, cê não imagina
Como tá duro o meu pau;
Tá furando a minha calça
O porra-louca total.

Eu tô num puta pique;
Me diga que tá legal.
Eu quero sugar seu mel,
Eu quero lamber seu sal.

Quero ser bem recebido,
Como se eu fosse o tal,
De braços e pernas abertas
Cerca de 90 graus.

Para tudo e te prepara
Prum memorável oral,
Numa tarde de trepadas
E carinhos no final.

Eu tô num puta pique;
Me diga que tá legal.
Eu quero sugar seu mel,
Eu quero lamber seu sal.

Meu doce, minha delícia,
Minha ceia de Natal,
Meu jantar e meu manjar,
Carne do meu Carnaval,

Quero chegar pela frente
Ou então por trás e – crau!
Te prometo mil lambidas.
Então, gatinha, que tal?

Doce Loucura

MÚSICA DE MARCELO JENECI
2009

Não quero cuca nem cocada*,
Não quero trufa nem pudim nem strudel,
Não quero bomba nem bom-bom em celofane.

Quero ficar me lambuzando
Em longos beijos, lânguidas lambidas,
Entre seus lábios, suas pernas, baby-honey.

Doçura é o seu amor, amor:
Não há bom-bom tão bom, com tal sabor.
Eis o mel melhor, o mel dos méis:
Amor da cuca até os pés.

Não quero ácido nem álcool,
Não quero êxtase nem pó nem crack,
Não quero cânhamo (maconha), só um "beize"...

Quero pirar com seu sorriso
E por seu corpo perder o juízo,
Transando sexo com você; you drive me crazy.

Loucura é o seu amor, amor:
Nenhum barato pode ser maior.
Eis o coquetel dos coquetéis:
Amor do coco até os pés.

Não quero doce,
Não quero bala,
Não quero coca nem tampouco chocolate.

Loucura, eu quero seu amor – amor:
Nenhum barato pode ser maior.
Eis o coquetel dos coquetéis:
Eu fico louco,
Você, maluca,
Da cuca-coco até os pés.

    VARIANTE:
*   Não quero cookie nem cocada,

Com Você, Sem Você

MÚSICA DE EDU KRIEGER
2011

Eu com você
Baião com acordeão
Samba com bamba
Futebol com gol
Bahia com alegria
Arpoador com o pôr
Com você, meu amor
Que é a rima melhor pra mim

Eu sem você
Pelé sem pé
Pássaro sem asa
Orgasmo sem órgão
Kama Sutra sem cama
Pornô sem pôr
Sem você, meu amor
Que é a parte melhor de mim

Você, meu amor
É a parte melhor de mim!

Eu com você
Passarinho com ninho
Candomblé com axé
Jesus com luz
Sexo com nexo
Amor com humor
Com você, meu amor
Que é a rima melhor pra mim

Eu sem você
Caminhão sem caminho
Floresta sem flora
Cinema sem cena
Teatro sem ato

Arco-íris sem cor
Sem você, meu amor
Que é a parte melhor de mim

Você, meu amor
É a parte melhor de mim!

Eu com você
Arquiteto com projeto
Viagem com bagagem
Abraço com amasso
Nordeste com o Agreste
Salvador com o Pelô
Com você, meu amor
Que é a rima melhor pra mim

Você, meu amor
É a rima melhor pra mim!

Eu Pra Você, Você Pra Mim

2017

Chama da minha cama,
Ouro do meu tesouro,
Jasmim do meu jardim:
Assim é você pra mim.

Axé do meu candomblé,
Iemanjá do meu mar,
Cascata da minha mata,
Pirilampo do meu campo;

Paisagem da minha viagem,
Imagem da minha miragem,
Estrela da minha tela,
Carícia da minha delícia;

Enfim, o que me derrete:
Boquete no meu cacete!

Assim, assim, assim...
Assim é você pra mim.

E eu o que vou ser,
O que eu vou ser pra você?

Plateia pra sua estreia,
Monte no seu horizonte.

Vou ser sua passarela,
E você, minha Portela;
Vou ser, enfim, seu cliente,
E você, minha gerente;

Vou ser o seu operário,
E você, o meu salário;
Vou ser seu cabra-da-peste,
E você, o meu Nordeste;

Vou ser o que te completa:
Caceta em sua boceta!

É isso o que vou ser,
O que vou ser pra você.

....

Você, o que me derrete:
Boquete no meu cacete.

E eu, o que te completa:
Chupeta em sua boceta.

Minha Preta

MÚSICA DE GERONIMO SANTANA
2017

Preta, minha preta,
Trepa comigo, trepa.

Chupa a minha tocha,
E eu lambo a tua chota.

A violeta flora,
E eu sugo a flor.

Preta, minha preta,
Trepa comigo, trepa.

Entra na minha rota.
Senta na minha tora.

Sente a minha tara.
Quero te atar;

Quero te amar.
Eis a minha arma:

Pega no meu taco,
E eu te cato

De quatro,
No quarto.

Te domo
De todo modo.

Me doma
À tua moda;

Me ataca,
Me acata,

Que eu vou na tua onda,
Que eu caio, minha dona,

Minha diva,
Minha vida.

Em suma,
A musa;

A dama
Amada;

O tema,
A meta

Dessa letra.
Me dá trela.

Me dá, preta.
Trepa comigo, trepa.

QUERO SER SEU PRETO.
QUERO OCÊ POR PERTO.

So Cool

MÚSICA DE ARRIGO BARNABÉ
1986

You're
So soft,
Baby, you're so cool.
Sure
You're not
Made for such a fool.

Oh! The way you walk,
The way you talk,
The way you smile...
Oh! The way you look;
I like your look,
I like your style.

I get so impressed by how you dress,
But more impressed when you undress.
You'll always be
One of the best to me.

You're
So soft,
Baby, you're so cool.
Sure
You're not
Made for such a fool.

Oh! The way you flirt,
The way you hurt,
The way you please.
Oh! The way you act,
And you attract,
It is so easy.

All I need is such a sweet and fresh
And lovely touch as of your flesh.
As you can see,
You mean to much to me.

Eu Vou Escrever um Livro

MÚSICA DE LUIZ TATIT
2016

Eu vou escrever
Um livro sobre você,
Para descrever
A lindeza e a delícia que é você.

O seu nome como título
Vai estar na capa, é claro,
E cada capítulo
Eu vou dedicar a tudo que me é caro:

Dos seus olhos, do seu rosto,
Ao seu modo de sorrir;
Do seu corpo, do seu gosto,
Ao seu modo de pensar e de sentir.

Umas vinte e tantas páginas
Vão tratar do assunto dos assuntos:
Dessa mágica que age nas
Horas que passamos juntos.

E entre outras coisas ternas,
Como seu riso e seu choro,
Vou explorar suas pernas,
Que é um tema que eu adoro.

Com tanta beleza,
Como diz Cássia Eller,
"Você pode ter certeza":
Vai ser um best-seller.

Pintura

MÚSICA DE JOÃO BOSCO
2008

... *Pois tudo é nada*
À vista de teu rosto, Caterina.
GREGÓRIO DE MATOS, em "Pintura Admirável de uma Beleza".

Céu azul, azul, azul;
Cor-de-rosa pôr do sol;
Véu da aurora boreal;
Mar de estrelas lá no céu;
Luz de fogos na amplidão;
Lua-prata qual CD;
Preto eclipse do esplendor;
Arco-íris multicor:

Tudo, tudo isso não
Chega perto de você,
De seus olhos, seu olhar,
Suas pernas, seu andar,
Sua cara, coração,
Sua boca e um não-sei-quê,
De sua pele, sua cor –
Do seu corpo, meu amor...

Verdes pampas lá do Sul;
Costa Branca igual lençol;
Na vazante, o Pantanal;
Barcelona, Parque Guell;
Monte Fuji no Japão;
Garopaba em SC;
Amazônia, selva em flor;
Mar azul de Salvador:

Tudo, tudo isso não
Chega perto de você,
Nem da graça nem da cor
Do seu corpo, meu amor...

Fogo e Gasolina

MÚSICA DE PEDRO LUÍS
2005

Você é um avião – eu sou um edifício.
Eu sou um abrigo – você é um míssil.
Eu sou a mata – você, a motosserra.
Eu sou um terremoto – e você, a terra.

O nosso jogo é perigoso, menina;
Nós somos fogo, nós somos fogo,
Nós somos fogo e gasolina.

Você é o fósforo – eu sou o pavio.
Você é um torpedo – eu sou o navio.
Você é o trem – e eu sou o trilho.
Eu sou o dedo – e você é o meu gatilho.

O nosso jogo é perigoso, menina;
Nós somos fogo, nós somos fogo,
Nós somos fogo e gasolina.

Eu sou a veia – você é a agulha.
Eu sou o gás – você é a fagulha.
Eu sou o fogo – e você, a gasolina.
Eu sou a pólvora – e você, a mina.

O nosso jogo perigoso combina:
Nós somos fogo, nós somos fogo,
Nós somos fogo e gasolina.

Escrito nas Estrelas

MÚSICA DE ARNALDO BLACK
1985

Você pra mim foi o sol
De uma noite sem fim
Que acendeu o que sou,
Pra renascer tudo em mim.
Agora eu sei muito bem
Que eu nasci só pra ser
O seu parceiro, seu bem*,
E só morrer de prazer.

Caso do acaso bem marcado em cartas de tarô,
Meu amor, esse amor de cartas claras sobre a mesa
É assim.
Signo do destino, que surpresa ele nos preparou;
Meu amor, nosso amor estava escrito nas estrelas,
Tava, sim.

Você me deu atenção
E tomou conta de mim.
Por isso, minha intenção
É prosseguir sempre assim.
Pois sem você, meu tesão,
Não sei o que eu vou ser;
Agora preste atenção:
Quero casar com você.

VARIANTE:
* Sua parceira, seu bem,

Quando Eu Fecho os Olhos

MÚSICA DE CHICO CÉSAR
2001

Aí você surgiu na minha frente,
E eu vi o espaço e o tempo em suspensão.
Senti no ar a força diferente
De um momento eterno desde então.

E aqui dentro de mim você demora;
Já tornou-se parte mesmo do meu ser.
E agora, em qualquer parte, a qualquer hora,
Quando eu fecho os olhos, vejo só você.

E cada um de nós é um a sós,
E uma só pessoa somos nós,
Unos num canto, numa voz.

O amor une os amantes em um ímã,
E num enigma claro se traduz;
Extremos se atraem, se aproximam
E se completam como sombra e luz.

E assim viemos, nos assimilando,
Nos assemelhando, a nos absorver.
E agora, não tem onde, não tem quando:
Quando eu fecho os olhos, vejo só você.

E cada um de nós é um a sós,
E uma só pessoa somos nós,
Unos num canto, numa voz.

Nossos Momentos

MÚSICA DE ARNALDO BLACK
1993

Sozinhos e juntos
Na dor e no prazer,
Nas fases difíceis
E nas fáceis de viver,
Tivemos, dia a dia,
Tristezas e alegrias,
Belezas, fantasias
E tantas outras coisas em comum.

Em busca dos sonhos
De felicidade e dois,
Por vezes estranhos
À realidade a dois,
Nós temos, mais que um dia,
Momentos de poesia
Tão claros e tão raros,
Que neles nós vivemos algo incomum.

Neles tudo mais para;
Nada mais se compara
Ao par, ao casal
Que somos nós dois,
Sem par, sem igual,
Nossos momentos não têm antes nem depois.

Sozinhos e juntos
Na dor e no prazer,
Nas fases difíceis
E nas fáceis de viver,
Tenhamos outras vezes
Momentos como esses,
Instantes transcendentes,
Instantes em que somos como dois em um.

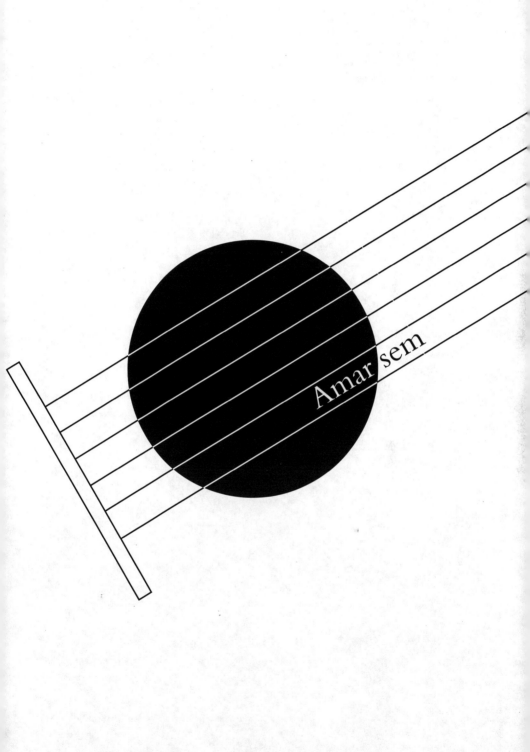

Só

MÚSICA DE PAULINHO MOSKA
2015

Pô   tem dó
Vem   pra cá
Tô   tão só
Ah   vem já

E traz   o céu
O sol   o sal
E mais   o mel
Qu'eu tô mó mal

Eu tô   sem bem
Sem chão sem fio
Com frio sem par
Sem ar   nem voz

Nó!
Vem pra não ser mais eu só
E sermos nós

Vem   a cem
Não   diz não
Eu   tô sem
Só   na mão

E tô   a fim
De dois em um
De ti   pra mim
E tu   nem tchum

E eu   sem pai
Nem mãe nem vó
Tão só ao deus-
Ao léu a sós

Meu
Vem pra não ser mais só eu
E sermos nós

Antes Que Amanheça

MÚSICA DE CHICO CÉSAR
2001

Passa da uma, tudo emudeceu.
A lua é um CD de luz no céu,
E aqui o meu apê é um deserto.
Agora cada um está na sua.
Você sumiu, você que é de lua,
E eu a queria tanto aqui por perto.

Meu bem, meu doce bem, minha senhora,
Eu poderia declarar agora
Meu grande amor, minha paixão ardente.
Na minha mente insone, só seu nome
Ecoa; só não soa o telefone,
E a sua ausência se faz mais presente.

Passa das duas na cidade nua.
Ao longe carros rugem para a lua,
E alguma coisa fica mais distante.
Eu sinto a sua falta no meu quarto;
Será que você volta antes das quatro?
É tudo que eu queria nesse instante.

Lágrima

MÚSICA DE PAULO MIKLOS
2015

A mulher que eu quero não me quer.
Resta um gosto amargo de amar em vão.
Entro no meu quarto e a solidão me dói.
Eu já nem sei
O que sou eu.

De que vale um homem sem mulher?
Eu sem dona só me dano como um cão.
Ando abandonado e não sei onde ela foi.
Lhe telefonei;
Não atendeu.

Lágrima cai como fel,
Agre, má… cruel.
Lágrima…

No metrô, no trem, no ponto, a pé,
Vejo a sua imagem na imaginação.
Mais do que a ausência, é o silêncio que destrói:
Mensagem mandei;
Não respondeu.

Jogo, filme, show ou DVD
Não distrai a mente nem o coração.
Lá no fundo um arrependimento me remói.
O que farei,
Deus meu…

Lágrima cai como fel,
Agre, má… cruel.
Lágrima…

Dói... Dói...

MÚSICA DE ZECA BALEIRO
2011

Ela não deu retorno ao meu torpedo,
Nem ao e-mail meio emocional.
Eu penso em meu destino e sinto medo,
Sozinho em minha cama de casal.

Ai, ai, o nó que dá meu peito mói.
Que mágoa má, que fim de noite mau.
Dói... dói...

Eu vi casais de namorados lá no parque,
Sarrando e sorrindo, aos beijos e amassos.
Ouvi gemidos de amantes a trepar, que
Cruzaram as paredes e os espaços.

No breu do quarto a solidão agora rói
Meu coração partido em dois pedaços.
Dói... dói...

O que eu projeto é algo que ela almeja.
Eu quero achar minh'alma gêmea, e ela, idem.
Eu a desejo mais do que ela me deseja.
Como é que às vezes os desejos não coincidem...

Sem colo nem calor, calado como um boi,
Tesão e rejeição em mim colidem.
Dói... dói...

Eu sempre estou com ela no meu pensamento.
Ao mesmo tempo nunca estive tão sozinho.
Mais do que nunca hoje aqui nesse momento
Carece de carícia o meu coraçãozinho.

Não tendo a quem me dê e a quem me doe,
Não há verão porque só eu é que andorinho.
Dói... dói...

Mulher, vem ver-me, vai, não me magoe,
Ou sai da minha mente já ruim;
E a solidão, qual verme que corrói,
Que morra ou dê enfim um fim em mim;

Me mate de repente como a um motoboy,
Não lenta e longamente assim, que assim
Dói... dói...

Cisma

MÚSICA DE VITOR RAMIL
2010

Seu sorriso é como um sol de pura luz;
Abre um céu de mil azuis,
Me acende e me seduz.

Mas seu coração tão frio, tão lunar,
Misterioso como o mar,
Não me faz senão cismar.

Bela dama que não sei se sabe amar,
Se é amável ou é má,
Sei que veio me abalar –

Por debaixo desse gelo se deduz
O seu facho que reluz
Sutilmente a olhos nus.

Só quero ter você,
Ah como eu quero esquecer você.
Distante de você,
Só quero estar diante de você.

Em que praia agora o sol se reproduz
Em sua pele que reluz
Como ouro, a anos-luz?

Em que espaço agora espalha-se ao passar
Sua doce voz no ar,
Tão profunda como o mar?

Só quero ter você,
Ah como eu quero esquecer você.
Distante de você,
Só quero estar diante de você.

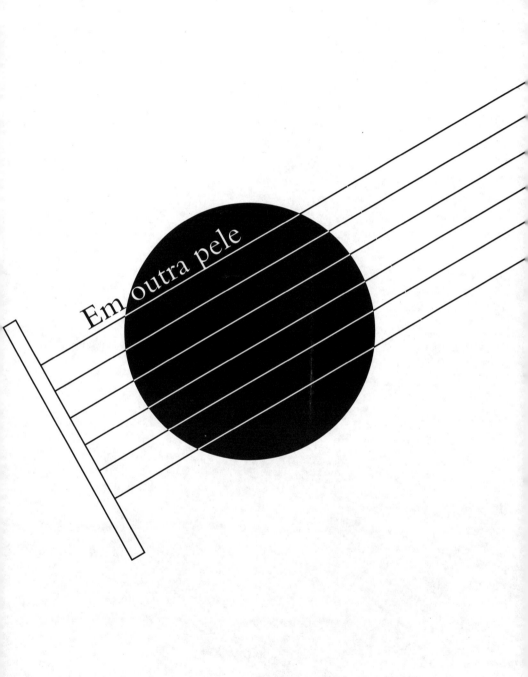

Hasta!

MÚSICA DE JOÃO CAVALCANTI
2011

Que amor é esse...
Mais parece desamor.
Você ama odiar
Aquilo que cê ama, o seu amor.
Você me aborrece,
Corta o meu tesão;
Por qualquer razão, sem razão,
Arma logo um barraco no meu barracão.

Que amor, que nada...
Quem entende o seu humor
E o seu gosto em desgostar
Aquela que cê gosta, o seu amor?!
Você me enfada;
Foda, meu irmão;
E como reclama, oh não;
Inclusive na cama faz reclamação*.

Basta!
Você só me afasta de você.
Pasto
E só me desgasto com você.
Paz!
Disso eu sou capaz,
Vou seguir em paz sem você.
Basta!
Hasta!

Desse amor me arranco,
Pra fugir do seu rancor.
Você briga por brigar
Com sua grande amiga, o seu amor.
Você nem é franco;
Homem sem noção**.

Eu perco a razão, com razão,
Se você cria caso e causa discussão.

    VARIANTE:
*   Aquele que cê gosta, o seu amor?!
    Você me enfada;
    Fada, não é não;
    Por qualquer razão, sem razão,
    Vira logo uma bruxa sem nenhum condão.

**   Desse amor de louca
    Eu me arranco do rancor.
    Você briga por brigar
    Com seu maior amigo, o seu amor.
    Você me provoca,
    Mulher sem noção.

Mille Baci

MÚSICA DE RITA LEE
1993

Amami se vuoi,
Tienimi se puoi
Braccia, labbra, faccia, mani, piedi.
Sii benvenuto;
Tutto, baby, tutto,
Baby, ti do tutto se lo chiedi.

Ma dammi, dammi, dammi mille baci
E cento e mille e cento e mille e cento.
Cosi tra mille baci ed abbracci,
Godiamici la vita e il momento.

Vieni per saziarmi,
Per accarezzarmi
I peli e la pelle più segreta.
Tu, amore mio,
Mi sembri un Dio;
Fammi sentire come il poeta.

Ma dammi, dammi, dammi mille baci
E cento e mille e cento e mille e cento.
Cosi tra mille baci ed abbracci,
Godiamoci la vita e il momento.

Segunda Pele

MÚSICA DE GUSTAVO RUIZ
2011

À noite eu lhe convido:
"Querido, vem pra cá."
Um som no seu ouvido
Sussurra logo: "Vá!"
Por perto alguma gata
Já grita que nem fã,
E logo o amor nos ata
Na noite, nossa irmã.

Quando ele vem, faço dele
Minha luva, meu colant,
A minha segunda pele,
O meu cobertor de lã.

São Paulo tá tão frio –
Três graus, a sensação.
Mas o seu arrepio
Não é de frio, não.
Sou eu na sua pele,
Que afago com afã,
Pra que seu fogo pele
A sua anfitriã.

Quando ele vem, faço dele
Minha luva, meu colant,
A minha segunda pele,
O meu cobertor de lã

Enquanto a noite passa

Aos braços da manhã,
A gente ainda passa
Os dentes na maçã.
O nosso amor é massa,
Pra lá de Amsterdam.
O resto é o resto, e passa.
O resto é espuma, é spam...

Quando ele vem, faço dele
Minha luva, meu colant,
A minha segunda pele,
O meu cobertor de lã

Quando ele vem, faço dele
Minha luva ou sutiã,
A minha segunda pele,
O meu cobertor de lã.

Amando

MÚSICA DE ROBERTA CAMPOS
2010

Um afastamento é o que faz
Reaproximar os casais;
Depois de um tempo muito distantes,
Dois amantes amam-se mais.

Torno do mar ao meu porto, ao abrigo,
Torno ao meu lar, ao amado, ao amigo,
Louca para ir
Me aninhar no calor do seu colo;
Ali,
Nele eu colo.

Te amando,
Estou voltando para ti,
Amando,
Estou voltando para ti.

Quero que fiquemos a sós,
Quero que soltemos os nós;
Que num abraço nos apertemos,
Que nos demos um laço em nós.

Tal eu a ele, ele a mim se ajusta;
A mulher livre que sou não o assusta.
Caminhando assim,
Lado a lado, inda a gente se casa,
Enfim,
Lá em casa…

Te amando,
Estou voltando para
Ti, Amando,
Estou voltando para ti.

Uma liga, dois corações,
É o que comigo tu compões.
Meu corpo e minha alma resumem:
Tu és um em mil, em milhões.

Peito em que eu deito, em que eu acho um centro,
De aço por fora e açúcar por dentro;
Moço que me atrai,
Na doçura, na força, no traço,
Ai ai,
Eu te traço...

Te amando,
Estou voltando para
Ti, Amando,
Estou voltando para ti.

O Laço Que Une Eu e Você

MÚSICA DE PAULINHO MOSKA
2015

Você produz em mim um sentimento
Que leva uma pessoa a fazer
Uma loucura a cada momento,
Ou a compor enfim uma canção.

Mas para mim, amor, não é assim, porque
Eu nunca tive dom pra isso, não.
Eu não sou bom de verso nem de rima, nem
Sei como se faz um refrão.

Eu sou um cara mais de ação, entende?
Se eu sou a fim, eu vou, e fim, e pronto.
Meu coração tão só ao seu se prende,
Mas não só com palavras eu demonstro

O quanto que eu me amarro, o quanto que eu me agarro
Em você, com tal querer
E uma tal fissura, a cada mil loucuras
Que eu faço por você.

E eu faço mil e uma pra fazer
Mais firme o laço que une eu e você.

Você me faz viver a poesia
Do que se diz numa canção de amor,
Porém, meu bem, eu nunca saberia
Cantar o meu amor numa canção.

E é mais o que eu faço, e menos o que eu falo,
O que expressa o meu coração.
No mais, eu canto mal, eu aliás nem sei
Como se toca um violão.

Mas faço mil e uma pra fazer
Mais firme o laço que une eu e você.

Seta de Fogo (A Canção de Teresa)

MÚSICA DE CHICO CÉSAR
1996

Como uma seta de fogo
Ou seja lá o que for;
Como um raio que atravessa,
Ele atirou-me uma flecha
Envenenada de amor.

Como quando o mundo acaba,
Não vi mais nada no escuro tremor.
Os céus se misturaram com a terra,
E eu morri de amor.

Já no gozo da ferida,
Que mais posso desejar,
A não ser amar e amar?
E em minha ânsia de vida,
De novo morrer de amar?

Eu sou para o meu amado,
E ele pra mim.
Ó meu Deus sem fim,
Feliz o coração enamorado
Como o meu assim.

Fonte do meu gozo,
Fonte do meu céu,
Ó meu doce esposo,
Ah, meu Deus!

Eis-me aqui, meu doce amor;
Meu doce amor, eis-me aqui.
Eis aqui na tua palma
Minha vida, corpo e alma,
Pois a ti me ofereci.

Eu sou para o meu amado,
E ele pra mim.
Ó meu Deus sem fim,
Feliz o coração enamorado
Como o meu assim.

Ó meu desejado,
Ó meu grande bem,
Ouve o meu chamado:
Vem, vem, vem!

E me leva ao gozo,
E me leva aos céus,
Ó meu carinhoso,
Ó meu Deus!

eu disse sim

MÚSICA DE JOSÉ MIGUEL WISNIK
2013

no dia em que o levei a declarar-se
primeiro eu dei a ele um bocadinho
do doce de pecã da minha boca

ah nada como um beijo longo e quente
que deixa a gente quase sem ação
meu deus depois daquele longo beijo
por pouco eu fico sem respiração

eu vi que ele sabia ou sentia
o que é uma mulher
e eu tive cá pra mim que eu poderia
fazer pra sempre dele o que eu quisesse

e eu lhe dei todo prazer que eu pude
pra que pedisse que eu dissesse sim
mas eu não quis dizer assim de cara
fiquei tão só olhando para o mar
e para o céu pensando em tantas coisas

aí só com os olhos lhe pedi
que me pedisse novamente sim
e ele me pediu
que se eu quisesse sim dissesse sim

eu enlacei os braços nele sim
e o puxei pra baixo para mim
pra que pudesse
sentir meus seios perfumados sim
seu coração batia como louco
e sim eu disse sim eu quero Sim

Esteticar (Espinha Dorsal)

MÚSICA DE VICENTE BARRETO (E REFRÃO DE TOM ZÉ)
1998

Pensa que eu sou um caboclo tolo, boboca,
Um tipo de mico cabeça-oca,
Raquítico típico jeca jacu*,
Um mero número zero, um zé à esquerda,
Pateta patético, lesma lerda,
Autômato pato panaca tatu?**

Pensa que eu sou um androide doido candango,
Algum mamulengo molenga mongo,
Mero mameluco da cuca lelé,
Trapo de tripa da tribo dos pele-e-osso,
Fiapo de carne, farrapo grosso,
Da trupe da reles e rala ralé?

Pensa? Dispenso a mula da sua óptica;
Ora, vá me lamber, tradução inter-semiótica.
Se segura, milord aí, que o mulato baião
(Tá se blacktaiando)
Smoka-se todo na estética do arrastão.

Ca esteti ca estetu
Ca esteti ca estetu
Ca esteti ca estetu
Ca esteti ca estetu
Ca estética do plágio-iê

VARIANTES:
*   Raquítico típico jeca-tatu,
**   Autômato pato panaca jacu?

To Be Tupi

MÚSICA DE LENINE
1999

Eu sou feito de restos de estrelas,
Como o corvo, o carvalho e o carvão.
As sementes nasceram das cinzas
De uma delas depois da explosão.

Sou o índio da estrela veloz e brilhante,
O que é forte como o jabuti;
O de antes, de agora em diante,
E o distante galáxias daqui.

Canibal tropical, qual o pau
Que dá nome à nação, renasci,
Natural, analógico e digital,
Libertado astronauta tupi.

Eu sou feito do resto de estrelas,
Daquelas primeiras, depois da explosão,
Sou semente nascendo das cinzas,
Sou o corvo, o carvalho, o carvão.

O meu nome é tupi, gaicuru;
O meu nome é Peri de Ceci.
Eu sou neto de Caramuru,
Sou Galdino, Juruna e Raoni.

E no cosmos de onde eu vim,
Com a imagem do caos
Me projeto futuro sem fim
Pelo espaço num tour sideral.

Minhas roupas estampam em cores
A beleza do caos atual,
As misérias e mil esplendores
Do planeta da aldeia global*.

O meu nome é tupi, gaicuru;
O meu nome é Peri de Ceci.
Eu sou neto de Caramuru,
Sou Galdino, Juruna e Raoni.

VARIANTE:
★   Do planeta de Neandertal.

O Anticlichê

MÚSICA DE ROBERTO DE CARVALHO
1991

Eu corro por dentro, entro pela terra,
Enquanto os outros correm para o mar.
Na contracorrente, saio lá da serra
No rumo do Paraná,
E paro por lá.

Por isso mesmo sei que vou sozinho;
Eu dou as costas ao lugar-comum,
E vou em frente sempre num caminho
Que não é igual a nenhum.
Assim eu sou um.

Podem me chamar
Marginal,
Porque não corro para o mar,
Contra a lei geral.
Nado contra a maré,
Na contramão vou pro que der e vier.
Sou um antigo anti-heroi, um anticlichê,
Eu, o Tietê, eu, o Tietê,
O anticlichê, eu, o Tietê.

Na Serra eu nasço, em São Paulo eu morro.
Depois renasço e vou até o fim.
Por onde eu passo e pra onde eu corro,
Jamais se viu um rio assim;
Eu falo por mim.

Mas assim mesmo sei que estou à margem
De vilas e de vias marginais,
De vales de canaviais, à margem
De zonas e parques rurais
E industriais.

Podem me chamar
Marginal,
Porque não corro para o mar,
Contra a lei geral.
Nado contra a maré,
Na contramão vou pro que der e vier.
Sou um antigo anti-heroi, um anticlichê,
Eu, o Tietê, eu, o Tietê,
O anticlichê, eu, o Tietê.

Da música, do som, da canção,
do canto,
do carnaval

Canto, Logo Existo

MÚSICA DE GLAUCIA NAHSSER E TIAGO VIANNA
2010

Por cantar eu existo,
Eu canto por isto;
Não desisto de cantar.

Ao cantar não resisto,
Me rendo a isto;
É mais forte que pensar.

Em cantar eu insisto,
Pois nada igual isto
Pra poder me encantar.

Pra cantar eu existo,
Como o sol existe
Pra brilhar e brilhar.

E o rio existe pra
Fluir, fluir;
A nuvem, pra flutuar;
A lua, pra refletir;
A flor, florir;
E o mar, o mar...

Por cantar eu existo,
Pois nada igual isto
Pro meu mal afugentar.

Ao cantar eu não disto
De mim, em vez disto
Eu me encontro ao cantar.

Pra cantar eu existo,
Como o sol existe
Pra brilhar e brilhar.

E o rio existe pra
Fluir, fluir;
A nuvem, pra flutuar;
A lua, pra refletir;
A flor, florir;
E o mar, o mar...

Quando o sol redondo brilha,
Como nessa redondilha,
Essa luz que maravilha
É o sol a cantar.
Quando a gente tá cantando,
Não importa onde ou quando,
Essa voz irradiando
É a gente a brilhar.

O rio existe pra
Fluir, fluir;
A nuvem, pra flutuar;
A lua, pra re-luzir;
A flor, florir;
E o mar, pra não terminar...

Meu Nome É Galáxia

MÚSICA DE JOSÉ MIGUEL WISNIK
2014

A voz entremeando-se às estrelas
Se eleva e leva o ouvido comovido
A uma outra dimensão do mundo –
Ao voo das palavras na galáxia
Em que a sintaxe e a pronúncia, o som e o sentido
Cintilam como o Sol no breu profundo.

Enquanto a voz se me projeta lá no céu,
Eu canto
Pra vida ser melhor aqui na terra;
Pra vida ser melhor aqui na terra
Eu canto,
Enquanto a voz me lança lá no céu.

Meu nome é Galáxia!

Aplaque-se a miséria, a sede e a fome em todo ser.
Ataque-se a violência!
Destaque-se a beleza que há na vida que há na arte que há
                                                               [na arte da vida.
Emplaque-se a justiça!

Meu nome é Galáxia!

Aplaque-se a ganância, ânsia louca de ganhar.
Ataque-se a opressão!
Destaque-se a morada a quem nem teto tem nem terra, a quem
                                                                  [nem teto nem nada.
Emplaque-se a verdade!

Meu nome é Galáxia...

A Minha Lógica

MÚSICA DE ARRIGO BARNABÉ E JOSÉ MIGUEL WISNIK
1988

Com
Aqueles bons e velhos dons
De uns Joões e outros Johns,
Juntei palavra, cor e som
Com a cabeça e o coração,
E certamente com tesão
Armei no ar uma canção
Harmoniosa de artesão
Da arte que tem bossa.

Mas você,
Com desdém,
Vem com essa prosa
– Num-sei-quê,
Num-sei-quem –
Que já é famosa;
Ora, ora, ora,
Pouco faz
E desfaz
Muito de quem faz e elabora.

É
Que a sua ótica não vê
A minha lógica, nem crê
Na onda mágica, o bom
Da matemática do som
De uma música no ar,
Arquitetura a flutuar
No ato puro de tocar
Samba, canção ou rock.

Se você
É capaz,
Cante, dance, toque,
Mas não dê
Nunca mais

Um tão tonto toque.
Se o seu palpite
Infeliz
Me maldiz
Me diz bem quão chão é o seu limite.

Sim,
Que a mim é dado e cabe a mim
O mais sonoro e claro sim
À arte, à vida, à criação,
Tudo que eu canto com paixão
E tal clareza que transluz
Com vida própria e traduz
A própria vida e traz à luz
Seus sonhos escondidos.

Pra você
Me ouvir,
Meu rapaz, se deixe
Envolver
Seduzir
Ou em paz me deixe;
Antes, não evite,
Venha cá,
Vamos lá,
Ao deleite, aceite o meu convite.

Pois
Acima dessas discussões,
Só a beleza das canções
É o que ficará depois
De tanto quanto se compôs,
Brilhando como essa voz
Voando e ecoando em nós
Em pleno espaçotempo.

Exaltação dos Inventores

MÚSICA DE LUIZ TATIT
2009

Tiro minha cartola, reverente,
Pro galhardo bahiano assaz valente.
Babo pelos batutas, pelo dom
De dongaroto e do menino bom.
Gamo pela magnífica divina
E notável pequena linda flor.
Devoto de Gonzaga e do divino,
Eu rendo graças ao nosso Sinhô.

Bebo na fonte de cascata e cascatinha,
De ribeiro e riachão,
Num ban-kéti no matão.
Colho do fruto benedito de oliveiras,
De pereira, de moreiras,
De carvalho e jamelão.
Devoro jararaca e ratinho,
Bebo araca e mordo a carmen
De peixoto e de martins.
Degluto batatinha e gordurinha,
Como muita clementina
E chupo muito amorim.

Tomo cachaça e fumo charutinho,
Baixa em mim um caboclinho,
Danço ao jack-som do pandeiro,
Além do bandolim, do cavaquinho,
De viola e vassourinha
E por fim de um seresteiro.
Então qual um joão-de-barro, um ás
De um bando de tangarás
Ou que nem um rouxinol,
Canto que nem sabiá:
Lalá, lalá, lalá, lalá, lalá, lalá!

A aurora humbertei-cheira a noel-rosa.
Orl-ando por um la-marçal barroso,

Por vales e por lagos encantados,
Por mários nunca dantas navegados.
Num vale d'ouro (dourival) caí-mmi,
Lau-rindo ao wil-som e ao luar tão cândido
De lobos e de lupes a ulular
Seu cântico mansueto pelo ar.

In-ciro-me de orestes em diante
Na linhagem de beleza,
De poder e realeza
De generais, sargentos, almirantes,
De custódios, comandantes,
Reis, rainhas, príncipes e princesas.

E vamos nelson todos nesse bando
De namorados da lua,
Tomando banho de lua.
A estrela dalva lá no ab-ismael
Do blecaute da amplidão
Nos en-candeia no chão.
Entre os anjos do inferno e os diabos do céu,
Vivo e morro dos prazeres
E dolores da paixão.
Re-cito Lamartine pra de-déo;
Enfim sou um Catulo da canção!

Outros Sons

MÚSICA DE ARRIGO BARNABÉ
1981

Num ritmo, num signo
Ígneo
De erres e orras,
De esses e zorras;
Num rito em urros,
Risos, sussurros,
Retecnizada,
A tribo
Se desencerra
Na Terra.

Rataplãs retumbantes, tantãs, tumbadoras, tambores...
Sacra, sã sangração, sagra o clã em clamantes louvores.

Em danças, transas, transes
Felizes e velozes,
Vorazes e ferozes.

Oh yeahvoé shazam!

[...] bababadalgharaghtakamminarronnkonnbronntonnerronn-
tuonnthunntrovarrnawnskawn [...]!

Outros fins e outros trons,
Outros timbres, outros tons,
Outrossim outros a-tons,
Outros sins e outros sons.

Êh Fuzuê

MÚSICA DE EDU KRIEGER
2010

Êh canto e dança a que não me recuso Êh
Beleza que em palavras mal traduzo Êh
Zilhões de luzes, cores, sons num carnaval profuso Êh
Fuzuê

Êh explosão feliz-fugaz de um povo excluso Êh
Bando de gente que nem eu com quem eu cruzo Êh
Bloco de mulamamelucaboclofuso Êh
Fuzuê

Êh gringo branco com razão confuso Êh
Cristão entrando em transe ou parafuso Êh
Que regozijo e gozo e riso de um prazer difuso Êh
Fuzuê

Êh fuzo êh fuzo êh fuzo êh fuzo êh fuzuê
Êh fuzo êh fuzo êh fuzo êh fuzo êh fuzuê

À Meia-Noite dos Tambores Silenciosos

MÚSICA DE LENINE
2015

O baque do maracatu estanca no ar;
Das lâmpadas apaga-se a luz branca no ar;
Na sombra onde som-
-Em cor e som,
Somos um,
Ao rés
Do chão, aos pés
De Olorum.

Um lume no negrume vaga dentro de nós;
Um choro insonoro alaga o centro de nós;
Com fé ou não no axé,
No São José,
Todos são
Um nó,
E tudo é só
Comoção.

Ó Largo do Terço,
Quão largo, profundo,
Bendito o teu rito que eu verso.

Em mantras, cantos brandos já ecoam no ar;
Em bando, pombas brancas já revoam no ar;
No chão, na vibração
De nossas mãos,
Somos um,
Irmãos
Na evocação
Dos eguns.

Ó Largo do Terço,
Quão largo, profundo,
Bendito o teu rito que eu verso.

Mundo Paralelo

2017

Nada, nada, nada mais me alegra
Que a presença negra,
Que a beleza negra,
Que a cultura negra no Ilê
Aiyê.

A sua estampa
Vermelha, preta e amarela
É a mais bela
Que meus olhos podem ver.

Na subida feliz do Curuzu;
Na saída do Ilê no carnaval;
Eu me transporto a um mundo paralelo.
Aquilo ali é um elo
Com o transcendental.

A Europa Curvou-se Ante o Brasil

MÚSICA DE ARRIGO BARNABÉ E BOZO BARRETTI
1983

Ao ver o pássaro passar,
No céu voar
Já era o sonho,
O aéreo plano
De um menino a empinar
Pipa no ar.

Queria ser o inventor
Do avião;
Entre um par de asas
Mandaria brasa.
Sabe quem era o sonhador?
Santos Dumont.

Com sua pose e seu chapéu,
Em pleno céu,
No 14 Bis
Tal e qual um giz,
O quadro azul do ar riscou
E se arriscou.

Sobre a história e o chão,
Num voo bom,
Foi a glória ao homem
Nas alturas móveis;
A nossa mãe da invenção:
Santos Dumont!

Não viva todo mundo, não!
Viva Dumont!
Que esteve à margem,
Mas teve coragem.
A nossa mãe da invenção:
Santos Dumont!

Crisálida-Borboleta

MÚSICA DE TETÊ ESPÍNDOLA
1984

De palarva a palavreta,
Crisalita a brisoleta,
De lagarta a borboletra,
A crisálida.

Desencasula a CRISÁLIDA,
Aquarela alada, CRISÁLITA,
Em lazulita, CRISÓLITA –
Quem deslinda uma linguagem insólita?

CRISO-BRISO-BRIBO-BOIBOLETA ao peniléu,
Asalegre bela pelepétala de papel,
Libralisa a brisa, lindesliza a lisabrir,
Butterflyingflower deflowerer fleeting like a flee:

BORBOLETA,
Extravagante e travessa,
Vagabunda transmutante qual um travesti.

Suaí

MÚSICA DE LIVIO TRAGTENBERG
2015

> Poesia, essa permanente hesitação entre som e sentido.
> PAUL VALÉRY

A ninfo a info a net o site
O doc o blog o face o fone
A foto a moto o auto a van
O flex o fax o sax o cello
A tele o bêlo a benga a racha
A buça a fuça o naso o názi
O skin o rasta o emo o mano
A mina a píri a síri a xota

A sinhá a sá a sci-fi
O abecê ocê o mê
O remix a mix a máxi
O metrô o táxi a Volks
A macrô o japa o vegan
O taichi o china o teuto
O piti o script o pop
O jabá a rádio a químio

A rapeize o beize a blitz
A vagaba o cafa a confa
O batera a guita o pife
O forró o bebo a bifa

Suaí
Suaí

Sumemo

O homo o bi o tri o hexa
O ecs a herô o háxi a présa
A briza a coca a cerva o churras
O Mac o Mac a web a vibe

O hype a hi o grã-fo o zé
O mé a mulha a múlti a/o micro
O e-mail o game o daime o/a demo
O clipe a lipo a pólio o apê

A produça o profissa
A concepa a sapata
O trafica o traíra
O traveco a madruga
O brasuca o portuga
A padoca o sanduba
O basquete o futiba
O Maraca o Morumba

A sugesta a tempesta
A cesárea a responsa
A perifa o refri
O comuna o cinema

Suaí
Suaí

Sumemo

O tusta a sista o bró a mã
O fã o psico o songa o leso
A lusa o Barça a Juve a/o Inter
A intro a infra o finde o frila
O cine a expo o zoo a dica
O dino a noia a neura o níver
A vó a vamp a lampa o langue
O log o logo o flagra o Fla-

-Flu Grenal Bavi Sansão
Futevôlei hortifrúti

Copa Sé Pelô Belzonte
Patropi Floripa Sampa
Legas paca duca mara
Oxe vixe putz nó
Tô de brinca mô na funça
Só na sôci sô à vonts

Bora té belê de fina
Porfa péra tá de prima?
Quede sifu bafo sussa
Sacumé né pô mó su

Tendeu? Tendeu?
Centendeu?

Suaí
Suaí

Sumemo

A Fêmea, o Gêmeo

MÚSICA DE ALDO BRIZZI
2003

A fêmea, o gêmeo, o gérmen, o sêmen,
O homem, o hímen, o ímã, o clímax,
A fênix, o pênis, a Vênus, o Adônis,
O ânus, o tônus, o músculo, o másculo,
A carne, o nácar, o néctar, o esfíncter,
A púbis, a cútis, o látex, o ápice,
Os lábios, os hábeis, as línguas, os langues,
A relva, a selva, a vulva, o alvo,
A dupla, a cópula, o pólen, a pétala,
A pelve, a pele, o plexo, o amplexo,
A perna, o esperma, o pasmo, o espasmo,
Os órgãos, a gosma, o orgasmo, o cosmo

Cheia de Graça

MÚSICA DE MARIO ADNET
2010

Cheia de graça, mas...
De graça cômica,
De apelos visuais
É econômica,
E assim nem sempre apraz
Qualquer rapaz.

Sua figura nem
De longe helênica
De perto nada tem
De fotogênica.
Seu riso causa só
Riso ou dó...

Porém de alma tal,
Não há alguém igual,
Tão nobre, tão sutil;
Um coração sorriu
E só lhe pede que
Não mude um fio de
Cabelo para si.

Falta dos tais fatais
Dotes estéticos,
Não faz comerciais
Para cosméticos.
Nem mesmo se produz.
Nunca fez nus.

Por menos uma atriz
Faria plástica
Na boca, no nariz –
E mais ginástica:
Muita musculação...
Mas ela não*.

Porém de alma tal,
Não há alguém igual,
Tão nobre, tão sutil;
Um coração sorriu
E só lhe pede que
Não mude um fio de
Cabelo para si,
Pois ele assim a quer,
Sem disfarçar sequer,
Tal como ela é:

Cheia de graça...

VARIANTES:

*   Por menos uma atriz
    Faria plástica
    Na boca, no nariz
    E outra, mais drástica,
    Nos seios de melão.
    Mas ela não.

Vó

MÚSICA DE VICENTE BARRETO
2006

Ficou pra trás,
E nada traz
De volta mais
Aquilo, ó!
No tempo jaz,
E tempo faz
Que virou gás
Ou virou pó.

Se já não há,
Por que será,
Em mim, que 'tá,
E dói que só?
Aonde eu vá,
Aquilo lá
Saudade dá
E dá um nó.

Saudade, quando mais se adensa,
E traz a presença
Do que não está,
E que ressurge para nós
Do tempo, dos seus cafundós;

O tempo, com sua matéria
Dura, seu mistério
Puro, sem parar,
Resumindo a nada,
Reduzindo a pó
Pedra, vida, estrada,
Com a sua mó –

A sua máquina,
Que o mundo mói
E fundo rói,
Sem pena, nem dó,
Quem pena, tão só.

Saudade dói
Do que vivi,
Do que morreu
E virou pó;
Do que se foi,
Do que eu vi,
Do que fui eu,
Da minha vó.

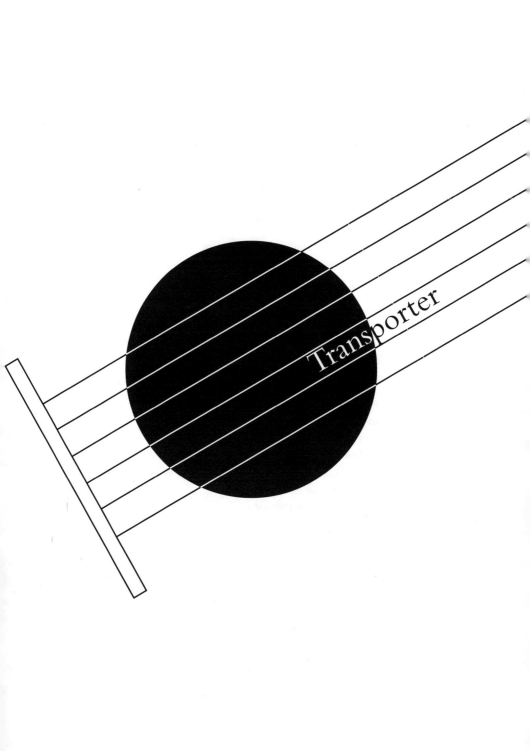

The Laziest Gal in Town

MÚSICA E LETRA DE COLE PORTER
1927

It's not 'cause I wouldn't,
It's not 'cause I shouldn't,
And, Lord knows, it's not 'cause I couldn't,
It's simply because I'm the laziest gal in town.

My poor heart is achin'
To bring home the bacon,
And if I'm alone and forsaken,
It's simply because I'm the laziest gal in town.

Though I'm more than willing to learn
How these gals get money to burn,
Ev'ry proposition I turn down,
'Way down;

It's not 'cause I wouldn't,
It's not 'cause I shouldn't,
And, Lord knows, it's not 'cause I couldn't,
It's simply because I'm the laziest gal in town.

Nothing ever worries me,
Nothing ever hurries me.
I take pleasure leisurely
Even when I kiss.
But when I kiss they want some more,
And wanting more becomes a bore,
It isn't worth the fighting for,
So I tell them this:

It's not 'cause I wouldn't,
It's not 'cause I shouldn't,
And, Lord knows, it's not 'cause I couldn't,
It's simply because I'm the laziest gal in town.

A Moça Mais Vagal da Cidade

1991/1999

Eu bem poderia,
Eu bem deveria,
E, eu juro, até toparia,
Mas é que eu sou a moça mais vagal que há.

Meu Deus, como eu queria
Ganhar na loteria,
E aqui estou eu, sem companhia,
Mas é que eu sou a moça mais vagal que há.

Eu queria ser como são
As que fazem um dinheirão,
Mas – a cada proposta – não dá,
Não dá;

Eu bem poderia,
Eu bem deveria,
E, eu juro, até toparia,
Mas é que eu sou a moça mais vagal que há.

Eu não sou de me apressar,
Eu não sou de me estressar.
Até beijo devagar,
Para ter prazer.
Mas se eles querem algo mais,
E algo mais já não me apraz,
Então a cada um dos tais
Tenho que dizer:

Eu bem poderia,
Eu bem deveria,
E, eu juro, até toparia,
Mas é que eu sou a moça mais vagal que há.

Let's Do It (Let's Fall in Love)

LETRA E MÚSICA DE COLE PORTER
1928

When the little bluebird,
Who has never said a word,
Starts to sing: "Spring, Spring!"
When the little bluebell,
At the bottom of the dell,
Starts to ring: "Ding, ding".
When the little blue clerk,
In the middle of his work,
Starts a tune to the moon up above,
It is nature, that is all,
Simply telling us to fall
In love.

And that's why Chinks do it, Japs do it,
Up in Lapland, little Lapps do it,
Let's do it, let's fall in love.
In Spain, the best upper sets do it,
Lithuanians and Letts do it,
Let's do it, let's fall in love.
The Dutch in Old Amsterdam do it,
Not to mention the Finns;
Folks in Siam do it,
Think of Siamese twins.
Some Argentines, without means, do it,
People say, in Boston, even beans do it,
Let's do it, let's fall in love.

The nightingales, in the dark, do it,
Larks, k-razy for a lark, do it,
Let's do it, let's fall in love.
Canaries, caged in the house, do it,
When they're out of season, grouse do it,
Let's do it, let's fall in love.
The most sedated barnyard fowls do it,
When a chanticleer cries;

Façamos (Vamos Amar)

1991/1999/2012

Quando a todo vapor,
O pequeno beija-flor
Canta assim: "Sim! Sim!";
Quando à flora feliz
A pequena flor-de-lis
Brinda enfim: "Tim-tim!";
Quando uma pequena flor-
Icultora em seu labor
Sai à rua, pra lua a cantar;
É a natura somente
Dizendo-nos pra gente
Amar.

Por isso lá, no Japão, fazem,
Lá na China um bilhão fazem,
Façamos, vamos amar.
Os espanhóis, os lapões fazem,
Lituanos e letões fazem,
Façamos, vamos amar.
Os alemães, em Berlim, fazem,
E também lá em Bonn;
Em Bombaim, fazem:
Os hindus acham bom.
Nisseis, nikkeis e sanseis fazem;
Lá em San Francisco muitos gays fazem;*
Façamos, vamos amar.

Os rouxinóis, nos saraus, fazem,
Picantes picapaus fazem,**
Façamos, vamos amar.
Uirapurus, no Pará, fazem,
Tico-ticos no fubá fazem,
Façamos, vamos amar.
Chinfrins galinhas a fim fazem,
E jamais dizem não;

*High-browed old owls do it,
They're supposed to be wise.
Penguins in flocks, on the rocks, do it,
Even little cuckoos, in their clocks, do it,
Let's do it, let's fall in love.*

*Romantic sponges, they say, do it,
Oysters, down in Oyster Bay, do it,
Let's do it, let's fall in love.
Cold Cape Cod clams, 'gainst their wish, do it,
Even lazy jellyfish do it,
Let's do it, let's fall in love.
Electric eels, I might add, do it,
Though it shocks 'em, I know;
Why ask if shad do it?
Waiter, bring me shad roe*.
In shallow shoals, English soles do it,
Goldfish, in the privacy of bowls, do it,
Let's do it, let's fall in love.*

*The dragonflies, in the reeds, do it,
Sentimental centipedes do it,
Let's do it, let's fall in love.
Mosquitoes, heaven forbid, do it,
So does ev'ry katydid, do it,
Let's do it, let's fall in love.
The most refined lady bugs do it,
When a gentleman calls;
Moths in your rugs do it,
What's the use of moth balls?
Locusts in trees do it, bees do it,
Even overeducated fleas do it,
Let's do it, let's fall in love.*

Corujas – sim – fazem,
Sábias como elas são.
Muitos perus, todos nus, fazem,
Gaviões, pavões e urubus fazem,*****
Façamos, vamos amar.

Dourados no Solimões fazem;
Camarões em Camarões fazem;
Façamos, vamos amar.
Piranhas, só por fazer, fazem,
Namorados, por prazer, fazem,
Façamos, vamos amar.
Peixes elétricos bem fazem,
Entre beijos e choques;
Cações também fazem,
Sem falar nos hadoques...
Salmões no sal, em geral, fazem,
Bacalhaus no mar em Portugal, fazem,
Façamos, vamos amar.

Libélulas, em bambus, fazem,
Centopeias sem tabus fazem,
Façamos, vamos amar.
Os louva-deuses, com fé, fazem,
Dizem que bichos-de-pé fazem,
Façamos, vamos amar.
As taturanas também fazem
Com ardor incomum;
Grilos, meu bem, fazem,
E sem grilo nenhum...
Com seus ferrões, os zangões fazem,
Pulgas em calcinhas e calções fazem*****,
Façamos, vamos amar.

The chimpanzees, in the zoos, do it,
Some courageous kangaroos do it,
Let's do it, let's fall in love.
I'm sure giraffes, on the sly, do it,
Heavy hippopotami do it,
Let's do it, let's fall in love.
Old sloths who hang down from twigs do it,
Though the effort is great;
Sweet guinea pigs do it,
Buy a couple and wait.
The world admits bears in pits do it,
Even pekineses in the Ritz do it,
Let's do it, let's fall in love.

  VARIANTES:
* *Young whelks and winkles, in pubs, do it,*
Little sponges, in their tubs, do it,
Let's do it, let's fall in love.
Cold salmon, quite 'gainst their wish, do it,
Even lazy jellyfish do it,
Let's do it, let's fall in love.
The most select schools of cod do it,
Though it shocks 'em, I fear,
Sturgeon, thank God, do it,
Have some caviar, dear.

Tamanduás e tatus fazem;
Corajosos cangurus fazem;
Façamos, vamos amar.
Coelhos só, e tão só, fazem;
Macaquinhos num cipó fazem;
Façamos, vamos amar.
Gatinhas com seus gatões fazem,
Dando gritos de "ais";
Os garanhões fazem –
Esses fazem demais...
Leões ao léu, sob o céu, fazem;
Ursos lambuzando-se no mel fazem;
Façamos, vamos amar.

    VARIANTES:
*   No "BBB" da TV, fazem;
    As pessoas LGBT fazem
** Os rouxinóis, com que voz, fazem,
    Curiosos curiós fazem,
*** Penguins no cio, lá no frio, fazem,
    Mil casais de pombos por um fio fazem,
**** Pulgas amestradas e pulgões fazem,

I Get a Kick Out of You

MÚSICA E LETRA DE COLE PORTER
1934

My story is much too sad to be told,
But practically ev'rything leaves me totally cold.
The only exception I know is the case
When I'm out on a quiet spree,
Fighting vainly the old ennui,
And I suddenly turn and see
Your fabulous face.

I get no kick from champagne.
Mere alcohol doesn't thrill me at all,
So tell me why should it be true
That I get a kick ut of you?

Some get a kick from cocaine.
I'm sure that if I took even one sniff
That would bore me terrific'ly too.
Yet I get a kick out of you.

I get a kick ev'ry time I see
You're standing there before me.
I get a kick, though it's clear to me
You obviously don't adore me.

I get no kick in a plane.
Flying too high with some guy in the sky
Is my idea of nothing to do,
Yet I get a kick out of you.

Eu Só Me Ligo em Você

1999

Meu caso é tão triste, e é quase fatal
Que tudo me cause só um descaso total.
E se pra gandaia eu saio então,
Contra o tédio lutando em vão,
Eu não perco meu ar blasé,
A não ser ao virar e ver,
Tão bela, você...

Champagne me deixa normal;
Barato, nem com birita, meu bem.
Então só me diga por que
É que eu só me ligo em você.

Alguns se ligam num sal.
Que porre, oh, eu não posso com pó;
Coca só me provoca deprê.
É que eu só me ligo em você.

Me ligo, sim,
Quando a vejo em minha frente a qualquer hora.
Me ligo, sim;
Mesmo assim você – é óbvio que – não me adora.

Nenhum barato é total.
Saltar ao léu de asa-delta no céu
É o que eu nunca penso em fazer.
É que eu só me ligo em você.

Night and Day

MÚSICA E LETRA DE COLE PORTER
1935

Like the beat beat beat of the tom-tom
When the jungle shadows fall,
Like the tick tick tock of the stately clock
As it stands against the wall,
Like the drip drip drip of the raindrops
When the summer shower is through,
So a voice within me keeps repeating: you - you - you.

Night and day, you are the one,
Only you beneath the moon and under the sun.
Whether near to me or far,
It's no matter, darling, where you are,
I think of you day and night.

Night and day, why is it so
That this longing for you follows wherever I go?
In the roaring traffic's boom,
In the silence of my lonely room,
I think of you night and day.

Night and day, under the hide of me
There's an, oh, such a hungry yearning burning inside of me.
And its torment won't be through,
Till you let me spend my life making love to you,
Day and night, night and day.

Noite e Dia

2012

Como o beat-beat-beat do tantã,
Quando à selva desce um breu;
Como o tique-tique-taque sem nenhum destaque
De um relógio como o meu;
Como o pingo-pingo-pingo das gotas,
Quando já choveu pra chuchu;
Uma voz em mim repete assim: tu, tu, tu…

Noite e dia, só tu, meu bem,
Sob a Lua e sob o Sol não há mais ninguém.
Longe ou perto, coração,
Não importa onde estejas, não,
Eu penso em ti noite e dia.

Dia e noite, por que será
Que a paixão por ti me segue por onde eu vá?
No rumor das ruas, oh,
No silêncio do meu quarto só,
Eu penso em ti, noite e dia.

Noite e dia, bem fundo, ai de mim,
Uma fome tamanha teima, queima e não sai de mim.
Pra ter fim o meu sofrer,
Deixa te fazer amor enquanto eu viver,
Dia e noite, noite e dia.

It's De-Lovely

MÚSICA E LETRA DE COLE PORTER
1936

*The night is young, the skies are clear,
So if you want to go walking, dear,
It's delightful, it's delicious, it's de-lovely!*

*I understand the reason why
You're sentimental, 'cause so am I,
It's delightful, it's delicious, it's de-lovely!*

*You can tell at a glance
What a swell night this is for romance;
You can hear dear Mother Nature murmuring low:
"Let yourself go."*

*So please be sweet, my chickadee,
And when I kiss you, just say to me:
"It's delightful, it's delicious,
It's delectable, it's delirious,
It's dilemma, it's delimit, it's deluxe,
It's de-lovely!"*

Que De-Lindo

1999

A noite é clara, e se você
Está querendo dar um rolê,
Que deleite, que delícia, que de-lindo!

Eu sei o que você, meu bem,
Está sentindo, pois eu também,
Que deleite, que delícia, que de-lindo!

Hoje o lance é rolar
Num relance um romance no ar;
Ouça a voz da natureza, que diz pra nós:
"Soltem seus nós."

Então, quando eu beijar você,
Me diga assim, minha zabelê:
"Que deleite, que delícia,
Que delírio, que delíquio,
Que dilema, que delito, que dilúvio,
Que de-lindo!"

At Long Last Love

MÚSICA E LETRA DE COLE PORTER
1938

Is it an earthquake or simply a shock?
Is it the good turtle soup or merely the mock?
Is it a cocktail - this feeling of joy,
Or is what I feel the real McCoy?
Have I the right hunch or have I the wrong?
Will it be Bach I shall hear or just a Cole Porter song?
Is it a fancy not worth thinking of,
Or is it at long last love?

Is it the rainbow or just a mirage?
Will it be tender and sweet or merely massage?
Is it a brainstorm in one of its quirks,
Or is it the best, the crest, the works?
Is it by Browning or doesn't it scan?
Is it a bolt from the blue or just a flash in the pan?
Should I say "Thumbs down" and give it a shove,
Or is it at long last love?

Is it a breakdown or is it a break?
Is it a real Porterhouse or only a steak?
What can account for these strange pitter-pats?
Could this be the dream, the cream, the cat's?
Is it to rescue or is it to wreck?
Is it an ache in the heart or just a pain in the neck?
Is it the ivy you touch with a glove,
Or is it at long last love?

Is it in marble or is it in clay?
Is what I thought a new Rolls, a used Chevrolet?
Is it a sapphire or simple a charm?
Is it [_____] or just a shot in the arm?
Is it today's thrill or really romance?
Is it a kiss on the lips or just a kick in the pants?
Is it the gay gods cavorting above,
Or is it at longe last love?

Enfim o Amor

1991/1999

É terremoto ou é só um choque?
Será que é um sashimi ou só um hadoque?
Será do álcool o meu alto astral
Ou isso que há será real?
É uma transa ou é transação?
Cole Porter no original ou só mais uma versão?*
É fantasia que finda em dor,
Ou é afinal o amor?

É um amasso ou é só massagem?
Um arco-íris no ar ou mera miragem?
É um ensaio que já me cansou,
Ou é o que é bom, é som, é show?
É um romance ou é um jornal?
É um poema comum ou é um de João Cabral?
É uma fera que fere uma flor
Ou é afinal o amor?

É tique-taque ou é só um tique?
É um negócio legal ou é um trambique?
Que piripaques são esses em mim?
É isso o mel, o céu, enfim?
Será um caso ou será o caos?
É o calor da paixão ou o verão em Manaus?
É um feitiço de algum malfeitor
Ou é afinal o amor?

É cobertura ou só quitinete?
É meu sonhado Rolls-Royce um velho Chevette?
Uma safira ou um patuá?
Um "tiro" no pó ou só uma pá?
É um romance ou é um haikai?
Será que é um vai e vem ou é só um vai não vai?
É um feitiço de um malfeitor
Ou é afinal o amor?

    VARIANTES:
*   É uma fria ou é um frisson,
    É uma fuga de Bach ou é Cole Porter o som?

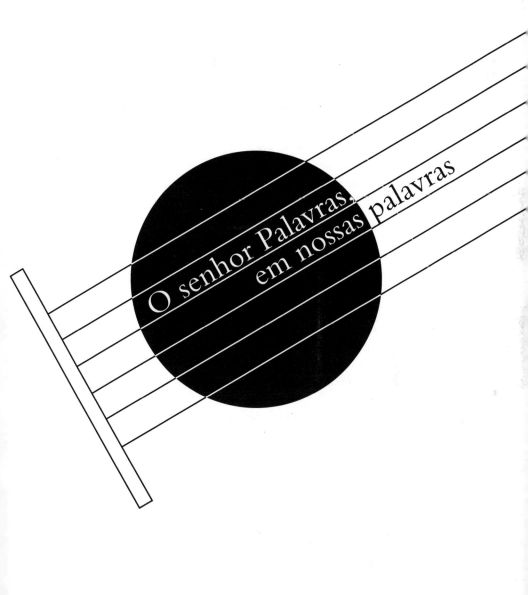

Fascinating Rhythm

MÚSICA DE GEORGE GERSHWIN E LETRA DE IRA GERSHWIN
1924

Got a little rhythm, a rhythm, a rhythm
That pit-a-pats through my brain;
So darn persistent,
The day isn't distant
When it"ll drive me insane.

Comes in the morning
Without any warning,
And hangs around me all day.
I'll have to sneak up to it
Someday, and speak up to it.
I hope it listens when I say:

Fascinating Rhythm,
You've got me on the go!
Fascinating Rhythm,
I'm all a-quiver.

What a mess you're making!
The neighbors want to know
Why I'm always shaking
Just like a fliver.

Each morning I get up with the sun –
Start a-hopping,
Never stopping –
To find at night no work has been done.

I know that
Once it didn't matter –
But now you're doing wrong;
When you start to patter
I'm so unhappy.

Fascinante Ritmo

1999

Tem um louco ritmo, um ritmo, um ritmo,
Um tique-taque em mim,
Na minha cuca
Já quase maluca
Com seu batuque sem fim.

Vem sem aviso,
Assim, de improviso,
E pega bem no meu pé.
Um dia eu chego nele,
Espero só que ele
Me ouça quando eu lhe disser:

Fascinante Ritmo,
Você me agitou,
Fascinante Ritmo,
Ó que moleque!
Andam perguntando
Por que é que eu estou
Sempre chacoalhando
Qual calhambeque.

Dês de manhã ao me levantar,
Danço, danço,
Não me canso,
Até de noite sem trabalhar.

Eu antes
Nem 'tava ligando,
Mas 'tá fazendo mal;
Eu me acabo quando
Você começa.

Won't you take a day off?
Decide to run along
Somewhere far away off –
And make it snappy!

Oh, how I long to be the man I used to be!
Fascinating Rhythm,
Oh, won't you stop picking on me?

Saia, caia fora,
Agora, afinal,
Vamos, vá embora –
Mas vá depressa!

Quero voltar a ser que nem há um tempo atrás,
Fascinante Ritmo, não encha, me deixe em paz!

Oh, Lady, Be Good!

MÚSICA DE GEORGE GERSHWIN E LETRA DE IRA GERSHWIN
1924

Listen to my tale of woe,
It's terribly sad, but true:
All dressed up, no place to go,
Each ev'ning I'm awf'ly blue.

I must win some winsome miss;
Can't go on like this.
I could blossom out, I know,
With somebody just like you. So —

Oh, sweet and lovely lady, be good.
Oh, lady, be good to me!
I am so awf'ly misunderstood,
So, lady, be good to me.

Oh, please have some pity —
I'm all alone in this big city.

I tell you I'm just a lonesome babe in the wood,
So, lady, be good to me.

Ó, Dama, Tem Dó

COM CHARLES PERRONE
1999

Ouve os meus amargos ais;
São tristes mas são reais:
Eu me apronto pra sair,
Mas não tenho aonde ir.

Quero achar moça charmosa,
E não ser tão só;
Florescer com uma rosa
Assim como tu, e tão-só.

Ó doce amada dama, tem dó,
Ó dama, tem dó de mim.
Ninguém me entende ao meu redor;
Ó dama, tem dó de mim.

Ó tem piedade;
Estou tão só nesta cidade,
Que nem um neném perdido, sem um xodó,
Ó dama, tem dó de mim.

Someone to Watch Over Me

MÚSICA DE GEORGE GERSHWIN E LETRA DE IRA GERSHWIN
1926

There's a saying old
Says that love is blind.
Still, we're often told
"Seek and ye shall find."
So I'm going to seek a certain lad I've had in mind.

Looking ev'rywhere,
Haven't found him yet;
He's the big affair
I cannot forget –
Only man I ever think of with regret.

I'd like to add his initial to my monogram.
Tell me, where is the shepherd for this lost lamb?

There's a somebody I'm longing to see;
I hope that he
Turns out to be
Someone who'll watch over me.

I'm a little lamb who's lost in the wood;
I know I could
Always be good
To one who'll watch over me.

Although he may not be the man some
Girls think of as handsome,
To my heart he'll carry the key.

Won't you tell him, please, to put on some speed,
Follow my lead?
Oh, how I need
Someone to watch over me.

Quem Tome Conta de Mim

COM NELSON ASCHER
1999

Dizem que o amor
É cego, porém,
Seja onde for,
Quem procura, tem.
Eu procuro alguém que à minha mente sempre vem.

Não perdi a fé,
Mas ainda não vi
O meu grande affair
Que eu não esqueci –
Penso nele onde eu ande, aqui e ali.

Eu vou gostar de juntar seu sobrenome ao meu.
Quem vai cuidar dessa ovelha que se perdeu?

Tem um certo alguém de quem sou a fim;
Que seja sim-
-Plesmente enfim
Quem tome conta de mim.

Ovelhinha ao léu sem lar, sem ninguém,
Farei tão bem
A esse alguém
Que tome conta de mim.

Ainda que não muita gente
O ache atraente,
A ele darei o meu sim.

Eu só peço que se apresse o rapaz,
Que chegue mais,
Que falta faz
Quem tome conta de mim.

The Babbitt and the Bromide

MÚSICA DE GEORGE GERSHWIN E LETRA DE IRA GERSHWIN
1927

A Babbitt met a Bromide on the avenue one day.
They held a conversation in their own peculiar way.
They both were solid citizens – they both had been around.
And as they spoke you clearly saw their feet were on the ground:

– Hello! – How are you?
– Howza folks? – What's new?
– I'm great! – That's good!
– Ha! Ha! – Knock wood!
– Well! Well! – What say?
– Howya been? – Nice day!
– How's tricks? – What's new?
– What's fine! – How are you?

Nice weather we are having but it gives me such a pain:
I've taken my umbrella so of course it doesn't rain.

– Heigh ho! – That's life!
– What's new? – Howza wife?
– Gotta run! – Oh, my!
– Ta! Ta! – Olive oil! – Good bye!

Ten years went quickly by for both these sub-sti-an-tial men,
And then it happened that one day they chanced to meet again.
That they had both developed in ten years there was no doubt,
And so of course they had an awful lot to talk about.

– Hello! – How are you?
– Howza folks? – What's new?
– I'm great! – That's good!
– Ha! Ha! – Knock wood!
– Well! Well! – What say?
– Howya been? – Nice day!
– How's tricks? – What's new?
– What's fine! – How are you?

O Bobo e o Babaca

COM GLAUCO MATTOSO
2008

Um Bobo e um Babaca, num passeio à beira-mar,
Se topam e papeiam no seu jeito singular.
Os dois são respeitáveis, cada qual um cidadão,
E a gente logo nota que eles têm os pés no chão.

– Olá! – Como está?
– Diga aí! – Que que há?
– Tô bem! – Legal!
– Haha! – Menos mal!
– Bem, bem... – E então?
– Lindo dia! – Como não?
– E o pessoal? – Que que há?
– Que bom! – Como está?

O tempo 'tá bonito mas me dói olhar o céu:
Saí de guarda-chuva e obviamente não choveu.

– Ai, ai! – É a vida!
– E a patroa? – E a lida?
– Já 'tá tarde! – Meu Deus!
– 'Tão tá! – Fica assim... – Adeus!

Dez anos se passaram pr'esses homens essenciais,
Até que se toparam por acaso uma vez mais.
Que os dois evoluíram não há dúvida pra gente,
E assim os dois têm muito o que contar, naturalmente.

– Olá! – Como está?
– Diga aí! – Que que há?
– Tô bem! – Legal!
– Haha! – Menos mal!
– Bem, bem... – E então?
– Lindo dia! – Como não?
– E o pessoal? – Que que há?
– Que bom! – Como está?

I'm sure I know your face, but I just can't recall your name;
Well, how've you been, old boy, you're looking just about the same.

– Heigh ho! – That's life!
– What's new? – Howza wife?
– Gotta run! – Oh, my!
– Ta! Ta! – Olive oil! – Good bye!

Before they met again some twenty years they had to wait,
This time it happened up above inside St. Peter's gate.
A harp each one was carrying and both were wearing wings,
And this is what they sang as they were strumming on the strings:

– Hello! – How are you?
– Howza folks? – What's new?
– I'm great! – That's good!
– Ha! Ha! – Knock wood!
– Well! Well! – What say?
– Howya been? – Nice day!
– How's tricks? – What's new?
– What's fine! – How are you?

You've grown a little stouter since I saw you last, I think.
    Come up and see me sometime and we'll have a little drink.

– Heigh ho! – That's life!
– What's new? – Howza wife?
– Gotta run! – Oh, my!
– Ta! Ta! – Olive oil! – Good bye!

Já vi a sua cara, mas seu nome é mesmo qual?
Ah, como está, garoto? 'Cê não muda, tá igual!

– Ai, ai! – É a vida!
– E a patroa? – E a lida?
– Já 'tá tarde! – Meu Deus!
– 'Tão tá! – Fica assim... – Adeus!

Vinte anos mais se passam; de repente no jardim
Da casa de São Pedro reencontram-se por fim.
Asinhas têm nas costas, e nas mãos têm uma harpinha,
Que os dois vão dedilhando, entoando a ladainha:

– Olá! – Como está?
– Diga aí! – Que que há?
– Tô bem! – Legal!
– Haha! – Menos mal!
– Bem, bem... – E então?
– Lindo dia! – Como não?
– E o pessoal? – Que que há?
– Que bom! – Como está?

Você ficou um pouco mais cheinho, me parece;
Ei, vem me visitar e tomar uma um dia desse.

– Ai, ai! – É a vida!
– E a patroa? – E a lida?
– Já 'tá tarde! – Meu Deus!
– 'Tão tá! – Fica assim... – Adeus!

I've Got a Crush on You

MÚSICA DE GEORGE GERSHWIN E LETRA DE IRA GERSHWIN
1928

How glad the many millions
Of Annabelles and Lillians
Would be
To capture me.

But you had such persistence
You wore down my resistance.
I fell –
And it was swell.

You're my big and brave and handsome Romeo.
How I won you, I shall never, never know.

It's not that you're attractive –
But oh, my heart grew active
When you
Came into view.

I've got a crush on you,
Sweetie pie.
All the day and night-time
Hear me sigh.
I never had the least notion
That I could fall with so much emotion.

Could you coo?
Could you care
For a cunning cottage
We could share?
The world will pardon my mush,
'Cause I've got a crush,
My baby, on you.

I've got a crush on you,
Sweetie pie.

Tenho um Xodó por Ti

2008

Seriam tão felizes
Joanas, Beatrizes,
Ah se
Ganhassem-me.

Você, tão persistente,
A mim, tão resistente,
Venceu –
E convenceu.

Oh meu grande e elegante, meu Romeu,
Sei que te ganhei, não sei como ocorreu.

Nem és assim perfeito,
Mas agitou meu peito
Te ver
Aparecer.

Tenho um xodó por ti,
Pão de mel;
Ando suspirando
Pra dedéu.
Eu nunca tive em mente
Me apaixonar tão intensamente.

Que tal eu,
Que tal tu,
Num chalé charmoso
Pra chuchu?
Do meu chamego tem dó,
Que eu tenho um xodó,
Meu broto, por ti.

Tenho um xodó por ti,
Pão de mel;

All the day and night-time
Hear me sigh.
This isn't just a flertation;
We're proving that there's predestination.

I could coo,
I could care
For that cunning cottage
We could share.
Your mush I never shall shush,
'Cause I've got a crush,
My baby, on you.

Ando suspirando
Pra dedéu.
Não é só azaração;
Provamos que há predestinação.

Topo eu,
Topo tu,
No chalé charmoso
Pra chuchu.
O teu chamego dá dó,
Que eu tenho um xodó,
Meu broto, por ti.

Blah, Blah, Blah

MÚSICA DE GEORGE GERSHWIN E LETRA DE IRA GERSHWIN
1928

I've written you a song,
A beautiful routine;
(I hope you like it.)
My technique can't be wrong:
I learned it from the screen.
(I hope you like it.)
I studied all the rhymes that all the lovers sing;
Then just for you I wrote this little thing.

Blah, blah, blah, blah, moon,
Blah, blah, blah, above;
Blah, blah, blah, blah, croon,
Blah, blah, blah, blah, love.

Tra la la la, merry month of May;
Tra la la la, 'neath the clouds of gray.

Blah, blah, blah, your hair,
Blah, blah, blah, your eyes;
Blah, blah, blah, blah, care,
Blah, blah, blah, blah, skies.

Tra la la la, tra la la la, cottage for two –
Blah, blah, blah, blah, blah, darling with you!

Blablablá

1999

Eu fiz só pra você
Uma canção que é
Tão bonitinha;
A técnica aprendi
Nas músicas que ouvi
Lá na telinha.
As rimas todas das canções eu estudei;
E eis a coisinha linda que eu criei:

Blablablá, canção;
Blablablá, luar;
Blablablá, paixão;
Blablablá, no ar.

Tralalalá, tralalalalá, seu olhar em mim;
Tralalalá, tralalalalá, tudo, tudo enfim.

Blablablá, o céu;
Blablablá, a flor;
Blablablá, o mel;
Blablablá, o amor.

Tralalalá, tralalalalá, casa de sapê;
Blablablablablá, eu e você.

Embraceable You

MÚSICA DE GEORGE GERSHWIN E LETRA DE IRA GERSHWIN
1930

Embrace me,
My sweet embraceable you.
Embrace me,
You irreplaceable you.

Just one look at you — my heart grew tipsy in me;
You and you alone bring out the gypsy in me.

I love all
The many charms about you;
Above all
I want my arms about you.

Don't be a naughty baby,
Come to papa — come to papa — do!
My sweet embraceable you.

Embrace me,
My sweet embraceable you.
Embrace me,
You irreplaceable you.

In your arms I find love so delectable, dear,
I'm afraid it isn't quite respectable, dear.

But hang it — Come on, let's glorify love!
Ding dang it! You'll shout "Encore!" if I love.

Don't be a naughty papa,
Come to baby — come to baby — do!
My sweet embraceable you.

Abraçável Você

COM NELSON ASCHER
1999

Me abrace,
Doce abraçável você.
Me abrace,
Incomparável você.

Só de vê-la o coração degela em mim;
O cigano só você revela em mim.

Não vejo
Senão encanto em você;
Desejo
Meus braços tanto em você.

Não seja má, menina,
Dê um abraço, dê um abraço, dê!
Doce abraçável você.

Me abrace,
Doce abraçável você.
Me abrace,
Incomparável você.

Em seus braços tudo é muito ardente, meu bem,
É tão bom mas não muito decente, meu bem.

No entanto,
Glorifiquemos o amor.
Garanto
Levá-la a extremos no amor.

Não seja má, menina,
Dê um abraço, dê um abraço, dê!
Doce abraçável você.

A Foggy Day (In London Town)

MÚSICA DE GEORGE GERSHWIN E LETRA DE IRA GERSHWIN
1937

I was a stranger in the city.
Out of town were the people I knew.
I had that felling of self-pity:
"What to do? What to do? What to do?"
The outlook was decidedly blue.
But as I walked through the foggy streets alone,
It turned out to be the luckiest day I've known.

A foggy day in London Town
Had me low and had me down.
I viewed the morning with alarm.
The British Museum had lost its charm.

How long, I wondered, could this thing last?
But the age of miracles hadn't passed,
For, suddenly, I saw you there –
And through foggy London Town the sun was shining
Ev'rywhere.

Um Dia de Garoa (Em São Paulo)

1999

Eu era estranho na cidade,
Sem ninguém que eu pudesse rever.
Pensei com autopiedade:
"Que fazer? Que fazer? Que fazer?"
O panorama era deprê.
Mas passeando naquela garoa, ali,
Meu dia de sorte maior então vivi.

Num dia de garoa fria,
Sampa me deu melancolia.
O céu tão cinza causou alarme,
Mesmo o Masp perdeu seu charme.

"Isso vai longe", pensava eu,
Quando um milagre aconteceu.
Pois de repente eu vi você –
E em São Paulo da garoa o sol brilhava
Pra valer!

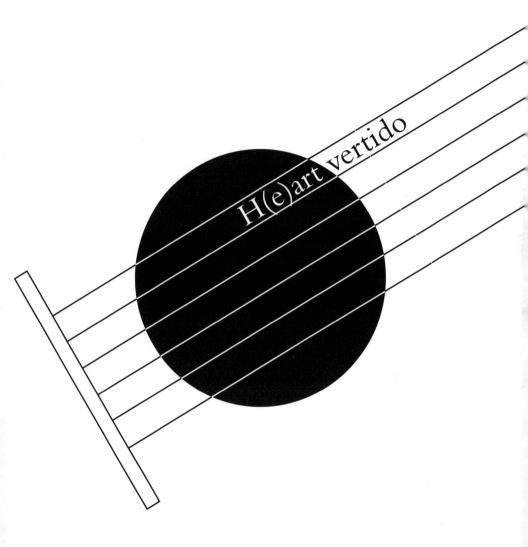

Lover

MÚSICA DE RICHARD RODGERS E LETRA DE LORENZ HART
1933

Lover, when I'm near you,
And I hear you speak my name,
Softly, in my ear you breathe a flame.

Lover, when we're dancing,
Keep on glancing in my eyes,
Till love's own entrancing music dies.

All of my future is in you.
You're every plan I design.
Promise me that you'll continue
To be mine.

Lover, please be tender;
When you're tender, fears depart;
Lover, I surrender to my heart.

Lover, it's immoral,
But why quarell with our bliss,
When two lips of coral want to kiss?

I say, "The devil is in you",
And to resist you I try.
But if you didn't continue,
I would die.

Lover, when you take me,
And awake me, I will know,
Lover, you can make me love you so.

Nêgo

2008

Nêgo, quando chegas
E me pegas a chamar,
Uma chama chega a me queimar.

Nêgo, em nossas danças,
Tu me lanças teu olhar,
E eis do amor em transe a música.

O meu futuro 'tá em ti,
Eu te projeto em meu céu.
Promete seguir em frente
Sendo meu.

Nêgo, me aconchegas,
Quando chegas com amor;
Nêgo, eu me entrego sem temor.

Nêgo, que fissura
A ventura imoral
De dois lábios puros de coral!

Nêgo, o diabo 'tá em ti,
E eu vou tentar não ceder,
Mas se não fores em frente,
Vou morrer.

Nêgo, se me pegas
E me alegras, podes crer,
Nêgo, eu não nego te querer.

My Romance

MÚSICA DE RICHARD RODGERS E LETRA DE LORENZ HART
1935

*My romance
Doesn't have to have a moon in the sky;
My romance
Doesn't need a blue lagoon standing by;*

*No month of May,
No twinkling stars,
No hideaway,
No soft guitars.*

*My romance
Doesn't need a castle rising in Spain,
Nor a dance
To a constantly surprising refrain.*

*Wide awake,
I can make my most fantastic dreams come true.
My romance
Doesn't need a thing but you.*

Meu Romance

2008

Meu romance
Não precisa de luar lá no céu,
Meu romance,
Nem de estrela a cintilar em um véu,

Nem do verão,
Do azul do mar,
De um violão,
De algum lugar.

Meu romance
Não precisa de castelo ou salão,
Nem que eu dance
A um sempre novo e belo refrão.

Acordado,
Faço o meu sonho encantado acontecer.
Meu romance
Só precisa de você.

I Wish I Were in Love Again

MÚSICA DE RICHARD RODGERS E LETRA DE LORENZ HART
1937

You don't know that I felt good,
When we up and parted.
You don't know I knocked on wood,
Gladly broken-hearted.

Worrying is throught, I sleep all night,
Appetite and health restored.
You don't know how much I'm bored!

The sleepless nights,
The daily fights,
The quick toboggan when you reach the heights,
I miss the kisses and I miss the bites –
I wish I were in love again.

The broken dates,
The endless waits,
The lovely loving and the hateful hates,
The conversation with the flying plates –
I wish I were in love again.

No more pain,
No more strain,
Now I'm sane, but
I would rather be ga-ga!

The pulled out fur of cat and cur,
The fine mismating of a him and her,
I've learned my lesson, but I wish I were
In love again.

The furtive sigh,
The blackened eye,
The words: "I'll love you 'til the day I die",
The self-deception that believes the lie –
I wish I were in love again.

Queria Estar Amando Alguém

2008

Quer saber? Eu melhorei,
Por termos separado.
Quer saber? Eu isolei,
Rindo, machucado.

Hoje eu como e durmo bem;
Já me restabeleci.
Quer saber? Já me enchi!

O sono mau,
O baita pau,
A baixaria após o alto-astral,
Me falta o pega e a pegação fatal –
Queria estar amando alguém.

O bolo, pô,
O rolo, sô,
O odiável ódio e um amor de amor,
O papo com o prato voador –
Queria estar amando alguém.

Sem pressão,
Nem tensão,
Eu tô são, mas
Preferia estar louco!

O arranca-rabo exemplar
De um cão e um gato, um casal sem par,
Saquei o lance, mas queria estar
Amando alguém.

O atrito, eh,
O grito, eh,
O dito: "Eu vou te amar até morrer",
O autoengano ao mentir e crer –
Queria estar amando alguém.

When love congeals,
It soon reveals
The faint aroma of performing seals,
The double-crossing of a pair of heels –
I wish I were in love again.

No more care,
No despair,
I'm all there now,
But I'd rather be punch-drunk!

Believe me, sir,
I much prefer
The classic battle of a him and her,
I don't like quiet, and I wish I were
In love again.

No que degela,
O amor revela
O amaro aroma de uma fera bela,
O duplo ardil do par de saltos dela –
Queria estar amando alguém.

Sem um bem,
Sem porém,
Eu tô zen, mas
Eu queria estar alto!

Perdão, sinhá,
Eu me amarrar
Na velha guerra de um casal, um par;
Não amo a calma e queria estar
Amando alguém.

Bewitched, Bothered and Bewildered

MÚSICA DE RICHARD RODGERS E LETRA DE LORENZ HART
1941

After one whole quart of brandy,
Like a daisy I awake.
With no Bromo-Seltzer handy,
I don't even shake.
Men are not a new sensation;
I've done pretty well, I think.
But this half-pint imitation
Put me on the blink.

I'm wild again,
Beguiled again,
A simpering, whimpering child again –
Bewitched, bothered and bewildered am I.
Couldn't sleep
And wouldn't sleep
When love came and told me I shouldn't sleep –
Bewitched, bothered and bewildered am I.
Lost my heart, but what of it?
My mistake, I agree.
He's a laugh, but I love it,
Because the laugh's on me.
A pill he is,
But still he is
All mine and I'll keep him until he is
Bewitched, bothered and bewildered like me.

I've seen a lot –
I mean a lot –
But now I'm like sweet seventeen a lot –
Bewitched, bothered and bewildered am I.
I'll sing to him,
Each spring, to him,
And long for the day when I'll cling to him –
Bewitched, bothered and bewildered am I.
When he talks, he is seeking

Encantada

2008

Após nove ou dez conhaques,
Acordei qual uma flor,
Sem Engov nem ataques;
Nem senti tremor.
Homem sempre me aparece;
Geralmente bem me dou.
Mas um meia-boca desse
Me desconcertou.

Tinindo estou;
Curtindo estou;
Criança, chorando e sorrindo estou;
Inquieta, tonta e encantada estou.
Sem dormir,
Não tem dormir,
O amor vem e diz: não convém dormir... –
Inquieta, tonta e encantada estou.
Me perdi, dominada,
E daí? Errei, sim.
Ele é uma piada,
A piada sobre mim.
Ele é o fim,
E até o fim
Vou tê-lo pra vê-lo, com fé, no fim,
Inquieto, tonto e encantado também.

Vi demais,
Vivi demais,
Mas hoje eu já adolesci demais –
Inquieta, tonta e encantada estou.
Niná-lo eu vou,
No embalo, eu vou,
Um dia na pele grudá-lo eu vou –
Inquieta, tonta e encantada estou.
Ao falar, ele sente

Words to get off his chest.
Horizontally speaking,
He's at his very best.
Vexed again,
Perplexed again,
Thank God, I can be oversexed again –
Bewitched, bothered and bewildered am I.

He's a fool, and don't I know it,
But a fool can have his charms;
I'm in love, and don't I show it,
Like a babe in arms.
Love's the same old sad sensation;
Lately I've not slept a wink,
Since this half-pint imitation
Put me on the blink.

Sweet again,
Petite again,
And on my proverbial seat again –
Bewitched, bothered and bewildered am I.
What am I?
Half shot am I.
To think that he loves me so hot am I –
Bewitched, bothered and bewildered am I.
Though at first we said "No, sir",
Now we're two little dears.
You might say we are closer
Than Roebuck is to Sears.
I'm dumb again,
And numb again,
A rich, ready, ripe little plum again –
Bewitched, bothered and bewildered am I.

Travação, timidez;
Mas horizontalmente
Falando, ele é dez.
Perplexa, enfim,
Com nexo, enfim,
Com – graças a Deus – muito sexo, enfim,
Inquieta, tonta e encantada estou.

Ele é um tolo, mas um tolo
O seu charme às vezes tem;
Em seus braços eu me enrolo,
Que nem um neném.
Caso é aquela coisa louca;
Nem dormindo eu estou,
Desde que esse meia-boca
Me desconcertou.

Que bom, assim,
Mignon, assim,
E com meu estilo, em meu tom, assim,
Inquieta, tonta e encantada estou.
Quem sou eu?
Alguém sou eu,
Ardendo ao pensar que o seu bem sou eu –
Inquieta, tonta e encantada estou.
"Não, senhor, obrigada" –
No início eu falei.
Hoje a gente é chegada
Mais do que Erasmo e o Rei.
Pronta, então,
Desponto, então,
Pantera, madura, no ponto, então –
Inquieta, tonta e encantada estou.

Wise at last,
My eyes at last
Are cutting you down to your size at last –
Bewitched, bothered and bewildered no more.
Burned a lot,
But learned a lot,
And now you are broke, so you earned a lot –
Bewitched, bothered and bewildered no more.
Couldn't eat, was dyspeptic;
Life was so hard to bear;
Now my heart's antiseptic,
Since you moved out of there.
Romance – finis.
Your chance – finis.
Those ants that invaded my pants – finis.
Bewitched, bothered and bewildered no more.

Sensata, enfim,
Constato, enfim,
Sua baixa estatura de fato, enfim –
Inquieta, tonta e encantada não mais.
Doeu demais;
Rendeu demais;
Você ganhou muito e perdeu demais –
Inquieta, tonta e encantada não mais.
Tive um surto dispéptico,
Mas viver já não dói.
Tenho o peito antisséptico,
Dês que você se foi.
Romance – finis;
Sem chance – finis;
Calor a invadir meu colant – finis;
Inquieta, tonta e encantada não mais.

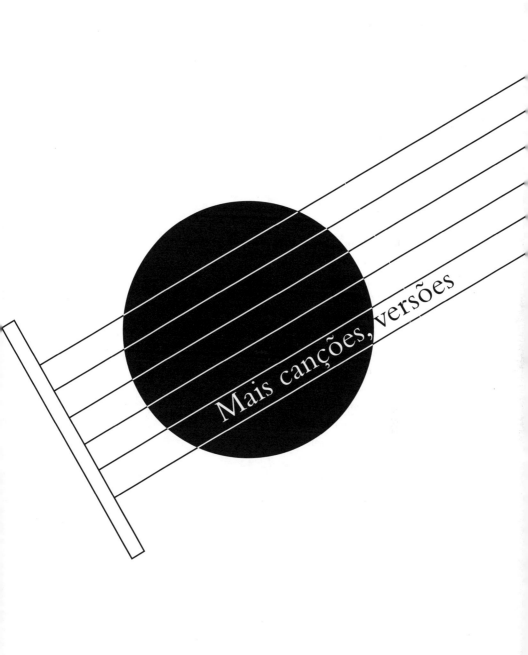

Strange Fruit

MÚSICA E LETRA DE LEWIS ALLAN
1936

Southern trees
Bear strange fruit;
Blood on the leaves
And blood at the root;
Black bodies swinging
In the southern breeze,
Strange fruit hanging
From the poplar trees.

Pastoral scene
Of the gallant South;
The bulging eyes
And the twisted mouth;
Scent of magnolia,
Sweet and fresh;
Then the sudden smell
Of burning flesh.

Here is a fruit
For the crows to pluck,
For the rain to gather,
For the wind to suck,
For the sun to rot,
For the tree to drop;
Here is a strange
And bitter crop.

Fruta Estranha

2009

Árvores do Sul
Dão fruta estranha;
Folha ou raiz,
Em sangue se banha;
Corpo de negro
Balançando, lento;
Fruta pendendo
De um galho ao vento.

Cena pastoril
Do Sul celebrado;
A boca torta
E o olho inchado;
Cheiro de magnólia
Chega e passa;
De repente o odor
De carne em brasa.

Eis uma fruta
Pra que o vento sugue,
Pra que um corvo puxe,
Pra que a chuva enrugue,
Pra que o Sol resseque,
Pra que o chão degluta,
Eis uma estranha
E amarga fruta.

Ol' Man River

MÚSICA DE JEROME KERN E LETRA DE OSCAR HAMMERSTEIN II
1927

Colored folks work on de Mississippi,
Colored folks work while de white folks play,
Pullin' dem boats from de dawn to sunset,
Gittin' no rest till de Judgement Day.

Don' look up
An' don' look down –
You don' dast make
De white boss frown.
Bend your knees
An' bow your head,
An' pull dat rope
Until yo' dead.

Let me go 'way from de Mississippi,
Let me go 'way from de white man boss;
Show me dat stream called de river Jordan,
Dat's de ol' stream dat I long to cross.

Ol' Man River,
Dat Ol' Man River,
He mus' know sumpin'
But don' say nuthin',
He jes' keeps rollin',
He keeps on rollin' along.

He don' plant taters,
He don' plant cotton,
An' dem dat plants'em
Is soon forgotten,
But Ol' Man River,
He jes' keeps rollin' along.

You an' me,
We sweat an' strain,

Sábio Rio

COM NELSON ASCHER
2008

Preto dá duro no Mississippi,
Duro pro branco poder brincar,
Puxando barco, não descansando,
Até o Juízo Final chegar.

Baixe o olhar,
Não diga não,
Não deixe puto
O seu patrão.
Curve o corpo,
É seu dever,
E puxe a corda
Até morrer.

Quero deixá longe o Mississippi,
Quero deixá meu sinhô pra lá,
E vê o rio que é velho e sábio,
Rio Jordão que inda vô cruzar.

Sábio rio,
O rio sábio,
Que sabe tudo
Mas fica mudo,
Só vai rolando,
Vai só rolando, ao léu.

Num planta nada,
Nem algodão,
Quem planta não é
Lembrado, não.
O sábio rio
Vai só rolando, ao léu.

Nós aqui
No suador,

Body all achin'
An' racked wid pain –
Tote dat barge!
Lif' dat bale!
Git a little drunk,
An' you land in jail…

Ah gits weary
An' sick of tryin';
Ah'm tired of livin'
An' skeered of dyin',
But Ol' Man River,
He jes' keeps rollin' along.

Corpo já morto
De esforço e dor –
Puxe o barco!
Pegue o peso!
Beba um pouco mais
E você vai preso...

Já tô cheio,
Sofrer me frustra,
Viver me cansa,
Morrer me assusta;
Mas, sábio, o rio
Vai só rolando, ao léu.

How Deep Is the Ocean

MÚSICA E LETRA DE IRVING BERLIN
1932

How much do I love you?
I'll tell you no lie.
How deep is the ocean?
How high is the sky?

How many times a day do I think of you?
How many roses are sprinkled with dew?

How far would I travel
To be where you are?
How far is the journey
From here to a star?

And if I ever lost you
How much would I cry?
How deep is the ocean?
How high is the sky?

Tão Fundo É o Mar

2008

O quanto eu te amo
Eu vou te contar:
Tão alto é o céu,
Tão fundo é o mar.

Por dia quantas vezes em ti penso eu?
Em quantas rosas orvalho choveu?

Quão longe eu iria
Pra estar onde estás?
Quão longe é a jornada
Pra estrela lilás?

Se eu te perder um dia,
Quanto eu vou chorar?
Quão alto é o céu?
Quão fundo é o mar?

Over the Rainbow

MÚSICA DE HAROLD ARLEN E LETRA DE E.Y. HARBURG
1939

When all the world is a hopeless jumble,
And the raindrops tumble
All around,
Heaven opens a magic lane.

When all the clouds darken up the skyway,
There's a rainbow highway
To be found,
Leading from your window pane
To a place behind the sun,
Just a step beyond the rain…

Somewhere over the rainbow,
Way up high,
There's a land that I've heard of
Once in a lullaby.

Somewhere over the rainbow,
Skies are blue,
And the dreams that you dare to dream
Really do come true.

Some day I'll wish upon a star,
And wake up where the clouds are far
Behind me;
Where troubles melt like lemon drops,
Away above the chimney tops,
That's where you'll find me.

Somewhere over the rainbow,
Bluebirds fly,
Birds fly over the rainbow –
Why then, oh why can't I?

If happy little bluebirds fly
Beyond the rainbow, why, oh why can't I?

Mais Além do Arco-Íris

2008

Quando este mundo é uma triste zorra,
E uma chuva jorra,
Lá do além
Do céu uma saída vem.

Quando no céu há só nuvem negra,
Um arco-íris chega
Pra ligar
A janela do teu lar
A um lugar depois do Sol,
Um degrau além da chuva...

Tem, além do arco-íris,
Um lugar,
Do qual num acalanto
Eu já ouvi falar.

Lá, além do arco-íris,
No azul, lá,
O teu sonho mais louco
Se realizará.

A uma estrela eu pedirei,
E lá em cima acordarei
Um dia;
Problema vira picolé
Por sobre a antena, a chaminé
E a nuvem fria.

Mais além do arco-íris,
No alto-céu,
Voam pássaros raros –
Por que não posso eu?

Se pássaros avoam no alto-céu,
Então por que não posso eu?

Nanna's Lied

MÚSICA DE KURT WEILL E LETRA DE BERTOLT BRECHT
1939

Meine Herren, mit siebzehn Jahren
Kam ich auf den Liebesmarkt
Und ich habe viel erfahren.
Böses gab es viel
Doch das war das Spiel
Aber manches hab' ich doch verargt.
(Schließlich bin ich ja auch ein Mensch.)

Gott sei Dank geht alles schnell vorüber
Auch die Liebe und der Kummer sogar.
Wo sind die Tränen von gestern abend?
Wo ist die Schnee vom vergangenen Jahr?

Freilich geht man mit den Jahren
Leichter auf den Liebesmarkt
Und umarmt sie dort in Scharen.
Aber das Gefühl
Wird erstaunlich kühl
Wenn man damit allzuwenig kargt.
(Schließlich geht ja jeder Vorrat zu Ende.)

Gott sei Dank geht alles schnell vorüber
Auch die Liebe und der Kummer sogar.
Wo sind die Tränen von gestern abend?
Wo ist die Schnee vom vergangenen Jahr?

Und auch wenn man gut das Handeln
Lernte auf der Liebesmess':
Lust in Kleingeld zu verwandeln
Ist doch niemals leicht.
Nun, es wird erreicht.
Doch man wird auch älter unterdes.
(Schließlich bleibt man ja nicht immer siebzehn.)

A Canção de Nana

2012

Meu senhor, vim adolescente
Ao mercado do amor.
Me tornei experiente.
Era tanto mal,
Era um jogo tal,
Mas nem sempre eu fui uma flor...
(Afinal, também sou um ser humano.)

Felizmente, tudo logo passa –
Tanto a mágoa quanto o amor, tanto faz.
Cadê o pranto de ontem à noite?
Cadê o frio de um ano atrás?

Com o tempo, mais facilmente
Vai-se à banca do amor.
E se abraça um montão de gente.
Mas o coração
Fica frio e vão,
Se não poupa um pouco de calor.
(Afinal, todo estoque um dia chega ao fim.)

Felizmente, tudo logo passa –
Tanto a mágoa quanto o amor, tanto faz.
Cadê o pranto de ontem à noite?
Cadê o frio de um ano atrás?

Mesmo não sabendo pouco
Do negócio do amor,
Converter tesão num troco
Não é mole, meu.
Por enquanto, deu*.
Mas a idade chega, sim, senhor.
(Afinal, ninguém permanece adolescente sempre.)

Gott sei Dank geht alles schnell vorüber
Auch die Liebe und der Kummer sogar.
Wo sind die Tränen von gestern abend?
Wo ist die Schnee vom vergangenen Jahr?

Felizmente, tudo logo passa —
Tanto a mágoa quanto o amor, tanto faz.
Cadê o pranto de ontem à noite?
Cadê o frio de um ano atrás?

VARIANTE:
* Não é mole, pô.
  Tê aqui rolou.

Rheinlegendchen

MÚSICA DE GUSTAV MAHLER E LETRA DE AUTOR ANÔNIMO
1893

Bald gras'ich am Neckar,
Bald gras'ich am Rhein,
Bald hab ich ein Schätzel,
Bald bin ich allein!

Was hilft mir das Grasen,
Wann die Sichel nicht schneid't,
Was hilft mir ein Schätzel,
Wenn's bei mir nicht bleibt!

So soll ich denn grasen
Am Neckar, am Rhein;
So werf ich mein schönes-
Goldringlein hinein!

Es fließet im Neckar
Und fließet im Rhein,
Soll schwimmen hinunter
Ins tief Meer 'nein!

Und schwimmt es, das Ringlein,
So frißt es in Fisch!
Das Fischlein soll kommen
Auf'n König sein'Tisch!

Der König tät fragen,
Wem's Ringlein soll' sein?
Da tät mein Schatz sagen:
"Das Ringlein g'hört mein!"

Mein Schätzlein tät springen
Bergauf und bergein,
Tät wied'rum mir bringen
Das Goldringlein fein!

Kannst grasen am Neckar,
Kannst grasen am Rhein!
Wirf du mir nur immer
Dein Ringlein hinein!

Uma Lenda do Reno

2012

Eu ceifo às vezes
Na margem do Reno.
Meu bem vem às vezes
Comigo ao terreno.

De que serve a ceifa,
Se a foice é ruim?
Meu bem de que serve,
Se longe de mim?

Na água do Reno,
Eu jogo um anel
De ouro, que rola
No rio ao léu.

Na água do Reno,
O anel a rolar
Vai indo, correndo
Pro fundo do mar.

O anel cai na boca
De um peixe e eu sei
Que o peixe é servido
Na mesa do rei,

Do rei que pergunta
De quem é o anel;
Meu bem lhe responde:
"O anel é só meu."

Meu bem sai correndo
Os montes enfim,
Trazendo de volta
O anel para mim.

Na água do Reno
Então como eu,
Não deixe também de
Jogar seu anel!

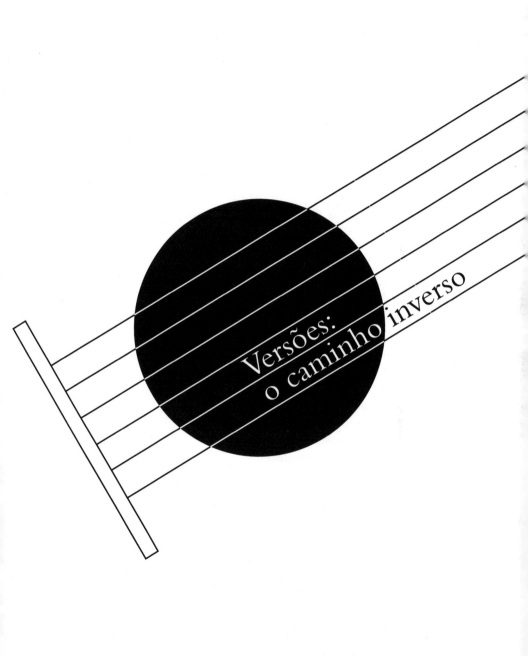

Noite Cheia de Estrelas

MÚSICA E LETRA DE CÂNDIDO DAS NEVES (ÍNDIO)
1928

Noite alta, céu risonho;
A quietude é quase um sonho.
O luar cai sobre a mata
Qual uma chuva de prata
De raríssimo esplendor.

Só tu dormes, não escutas
O teu cantor,
Revelando à lua airosa
A história dolorosa
Deste amor.

Lua,
Manda a tua luz prateada
Despertar a minha amada.
Quero matar os meus desejos,
Sufocá-la com meus beijos.

Canto,
E a mulher que eu amo tanto
Não me escuta, está dormindo.
Canto e por fim
Nem a lua tem pena de mim,
Pois ao ver que quem te chama sou eu
Entre a neblina se escondeu.

Lá no alto a lua esquiva
Está no céu tão pensativa.
As estrelas tão serenas
Qual dilúvio de falenas
Andam tontas ao luar.

Todo o astral ficou silente,
Para escutar
O teu nome entre as endechas,
Tuas dolorosas queixas
Ao luar.

Star-Filled Night

COM CHARLES PERRONE
1994/2015

Late at night and stars all beaming;
Oh the stillness seems like dreaming
Of a flowing forest river
Like a pouring rain of silver
Splendid moonlight from above.

Though you're sleeping, it is you who
I'm singing of,
While the moon in all its glory
Can't but hear the tearful story
Of this love.

Moonlight,
With your silver sheen above me,
Wake this woman oh so lovely.
Oh what longing, ardent yearning,
As my lips for hers keep burning.

Can't you
Hear me singing as she's sleeping?
She won't hear my heart is leaping.
Oh can't you see?
No, the moon is not sorry for me;
Just because on calling you I insist,
She hides behind the mystic mist.

Now the moon shines with disdain there,
And she's so pensive and so vain there,
And the stars that seem so calm rise
Like a dizzy flood of fire-flies
O'er the glossy silver moon.

All the starry sky fell silent
To hear the tune,
With your name in the refrain
In complaints so full of pain
To the moon.

Coração Materno

LETRA E MÚSICA DE VICENTE CELESTINO
1937

Disse um campônio à sua amada:
"Minha idolatrada, diga o que quer.
Por ti vou matar, vou roubar,
Embora tristezas me causes, mulher.
Provar quero eu que te quero,
Venero teus olhos, teu porte, teu ser.
Mas diga tua ordem, espero,
Por ti não importa matar ou morrer."

E ela disse ao campônio, a brincar:
"Se é verdade tua louca paixão,
Parte já e pra mim vai buscar
De tua mãe inteiro o coração."
E a correr o campônio partiu;
Como um raio na estrada sumiu.
E sua amada qual louca ficou,
A chorar na estrada tombou.

Chega à choupana o campônio;
Encontra a mãezinha ajoelhada a rezar.
Rasga-lhe o peito o demônio,
Tombando a velhinha aos pés do altar.
Tira do peito sangrando
Da velha mãezinha o pobre coração,
E volta a correr proclamando:
"Vitória! Vitória! Tem minha paixão."

Mas em meio da estrada caiu
E na queda uma perna partiu,
E à distância saltou-lhe da mão
Sobre a terra o pobre coração.
Nesse instante uma voz ecoou:
"Magoou-se, pobre filho meu?
Vem buscar-me, filho, aqui estou,
Vem buscar-me que ainda sou teu!"

Mother's Heart

1994

"Say what you want, oh my dearest",
Said the loving peasant to the one he loved.
"For you I will steal, I will kill,
Though you cause me sorrow and pain, my beloved.
I just want to prove I adore you,
And worship your being, and for you I sigh.
So say what you want, I implore you,
For me it won't matter to kill or to die."

And she coyly answered this way:
"If you love me as much as you say,
If you're madly in love, then depart,
Go and bring to me your mother's heart."
But believing in what he was told,
He ran fast as a flash down the road.
And his dear became so stupefied
That she fell on the pathway and cried.

The peasant enters the cabin,
In front of the altar his mother he sees;
Then he, the demon, starts stabbing
The breast of the lady, who prayed on her knees.
He cuts out her heart, that's bleeding,
The heart that he wanted, all other hearts above,
And shouts with a voice full of pleading:
"Victoria! Victoria! Here's my proof of love."

He was coming back running again,
When he tumbled and broke one leg then.
And his poor mother's heart fell and rolled
Away from his hard hands down the road.
So a voice echoed under the sun:
"Are you hurt, oh my poor darling son?
Come embrace me, darling, I'm still here,
Come embrace me, I'm still yours, my dear."

O Drama de Angélica

MÚSICA E LETRA DE ALVARENGA E M.G. BARRETO
1943

Primeiro Ato

Ouve meu cântico
Quase sem ritmo
Que a voz de um tísico
Magro esquelético
Poesia épica
Em forma esdrúxula
Feita sem métrica
Com rima rápida

Amei Angélica
Mulher anêmica
De cores pálidas
E gestos tímidos
Era maligna
E tinha ímpetos
De fazer cócegas
No meu esôfago

Em noite frígida
Fomos ao lírico
Ouvir o músico
Pianista célebre
Soprava o zéfiro
Ventinho úmido
Então Angélica
Ficou asmática

The Tragedy of Angelica

COM FERNANDO LOPES DANTAS
1994

Act One

Here is my canticle
Unsystematical
Which is so typical
When one is not physical
My epic poetry
Rhymed with absurdity
Done with rapidity
And with insanity

I loved Angelica
She was so colorless
Had no salubrity
Only timidity
She was malignant
And her rapacity
Made my esophagus
Laugh very heavily

In a cold evening
In the big theater
We heard the notable
Virtuoso pianist
Outside was Zephyrus
Spoiling the spectacle
Therefore Angelica
Became asthmatical

Segundo Ato

Fomos ao médico
De muita clínica
Com muita prática
E preço módico
Depois do inquérito
Descobre o clínico
O mal atávico
Mal sifilítico

Mandou-me o célere
Comprar noz vômica
E ácido cítrico
Para o seu fígado
O farmacêutico
Mocinho estúpido
Errou na fórmula
Fez despropósito

Não tendo escrúpulo
Deu-me sem rótulo
Ácido fênico
E ácido prússico
Corri mui lépido
Mais de um quilômetro
Num bonde elétrico
De força múltipla

Act Two

I took Angelica
To a good hospital
And found a specialist
With prices moderate
Upon examining
It was so terrible
She had the cholera
And also syphilis

I ran immedi'tely
To buy some medicine
And also strychnine
To help her agony
A stupid pharmacist
Was irresponsible
Confused the formula
Made it illegible

He wasn't scrupulous
He was ridiculous
Changing the elements
In all recipients
I hurried back speedily
Thirteen kilometers
Riding my bicycle
Faster than lightening

Terceiro Ato

O dia cálido
Deixou-me tépido
Achei Angélica
Já toda trêmula
A terapêutica
Dose alopática
Lhe dei em xícara
De ferro ágate

Tomou num fôlego
Triste e bucólica
Esta estrambólica
Droga fatídica
Caiu no esôfago
Deixou-a lívida
Dando-lhe cólica
E morte trágica

O pai de Angélica
Chefe do tráfego
Homem carnívoro
Ficou perplexo
Por ser estrábico
Usava óculos
Um vidro côncavo
Outro convexo

Act Three

In a hot afternoon
As she was shivering
I gave Angelica
That drug or medicine
Such an experiment
Brought her no merriment
She drank two chalices
And got paralysis

What a fatality
What a calamity
It was an overdose
To her esophagus
The thing I gave to 'er
Would bring a grave to 'er
She cri-ed terribly
And di-ed instantly

Her dad got serious
Found it mysterious
A man so curious
Became so furious
Got many manias
A miscellanea
Of neurasthenia
And schizophrenia

Quarto e Último Ato

Morreu Angélica
De um modo lúgubre
Moléstia crônica
Levou-a ao túmulo
Foi feita a autópsia
Todos os médicos
Foram unânimes
No diagnóstico

Fiz-lhe um sarcófago
Assaz artístico
Todo de mármore
Da cor do ébano
E sobre o túmulo
Uma estatística
Coisa metódica
Como "Os Lusíadas"

E numa lápide
Paralelepípedo
Pus esse dístico
Terno e simbólico:
"Cá jaz Angélica,
Moça hiperbólica,
Beleza helênica,
Morreu de cólica!"

Fourth and Last Act

So died Angelica
And in her tumulus
She was lugubrious
And quite inanimate
After the autopsy
The doctors diagnosed
That my Angelica's
Ill was inveterate

But in her memory
Made a sarcophagus
Black like the ebony
Near the asparagus
In the green botany
She lives in harmony
In the monotony
Of immortality

And as an epitaph
Poetic dolorous
I wrote an epigraph
Pathetic amorous:
"Here lies Angelica
Who lived in palaces
A girl so glamorous
Died in paralysis"

Créditos das Canções

Canções originais:

AMOR E GUAVIRA. Carlos Rennó e Tetê Espíndola. Ed. Gege/Direto
CUIABÁ. Carlos Rennó e Tetê Espíndola. Ed. Gege/Direto
NA CHAPADA. Carlos Rennó e Tetê Espíndola. Ed. Gege/Direto
OLHOS DE JACARÉ. Carlos Rennó e Geraldo Espíndola. Ed. Gege/Direto
CURURU. Carlos Rennó; Tetê Espíndola. Ed. Gege/Direto
PÁSSAROS NA GARGANTA. Carlos Rennó; Tetê Espíndola. Ed. Gege/Direto
RIACHO. Carlos Rennó; Passoca. Ed. Direto
ESSE RIO. Carlos Rennó; Vicente Barreto. Ed. Gege/Direto
TERRA DESOLADA. Carlos Rennó; Iara Rennó; Beto Villares. Ed. Gege/Direto/Indiomusic
É FOGO! Carlos Rennó; Lenine. Ed. Gege/Mameluco
TÁ? Carlos Rennó; Pedro Luís; Roberta Sá. Ed. Gege/Astronauta Tupy/Dubas Música
PARA ONDE VAMOS? Carlos Rennó; Beto Villares. Ed. Direto/Indiomusic
ISSO É SÓ O COMEÇO. Carlos Rennó; Lenine. Ed. Gege/Mameluco
QUEDE ÁGUA?. Carlos Rennó; Lenine. Ed. Gege/Mameluco
QUEDE ÁGUA, QUEDE?. Carlos Rennó. Ed. Direto
REIS DO AGRONEGÓCIO. Carlos Rennó; Chico César. Ed. Gege/Chita
DEMARCAÇÃO JÁ. Carlos Rennó; Chico César. Ed. Gege/Chita
HIDRELÉTRICAS NUNCA MAIS. Carlos Rennó; Felipe Cordeiro. Ed. Direto
MIRANTE. Carlos Rennó; Arrigo Barnabé. Ed. Gege/Atração
VISÃO DA TERRA. Carlos Rennó; Tetê Espíndola. Ed. Gege/Universal Publishing MGB
CORAÇÃO COSMONAUTA. Carlos Rennó; José Miguel Wisnik. Ed. Direto
SOLIDÃO CÓSMICA. Carlos Rennó; Mário Sève. Ed. Direto
SIGNS OF LIFE ON MARS. Carlos Rennó; Antonio Pinto. Ed. Gege/Direto
ÁTIMO DE PÓ. Carlos Rennó; Gilberto Gil. Ed. Gege
EXPERIÊNCIA. Carlos Rennó; Chico César. Ed. Gege/Chita
SHOW DE ESTRELAS. Carlos Rennó; Marcelo Jeneci. Ed. Direto/Pessoa Produtora
O MOMENTO. Carlos Rennó; Léo Cavalcanti. Ed. Gege/Direto
MILAGRE. Carlos Rennó; Alzira Espíndola; Iara Rennó. Ed. Direto
RONDA 2. Carlos Rennó; Arrigo Barnabé. Ed. EMI Songs
O JEQUITIBÁ. Carlos Rennó; José Miguel Wisnik. Ed. Direto
NÃO DÁ PÉ. Carlos Rennó; Edu Leal. Ed. Gege/Ed. Direto
RIO MODERNO. Carlos Rennó; Pedro Luís. Ed. Gege/Astronauta Tupy
ECOS DO 'ÃO'. Carlos Rennó; Lenine. Ed. Direto/Mameluco
QUADRO NEGRO. Carlos Rennó; Lenine. Ed. Direto/Mameluco
REPÚDIO. Carlos Rennó; Pedro Luís. Ed. Gege/Astronauta Tupy
IDADE MÉDIA MODERNA. Carlos Rennó; Pedro Luís. Ed. Direto/Astronauta Tupy
MANIFESTAÇÃO. Carlos Rennó. Ed. Direto
NENHUM DIREITO A MENOS. Carlos Rennó; Paulinho Moska. Ed. Gege/Casulo

SAMBA DE AMOR E ÓDIO. Carlos Rennó; Pedro Luís. Ed. Gege/Warner/Chappell
VIVO. Carlos Rennó; Lenine. Ed. Gege/Mameluco
VIVO (versão em italiano). Carlos Rennó; Lenine; P. Fabrizi. Ed. Gege/Mameluco
ENVERGO, MAS NÃO QUEBRO. Carlos Rennó; Lenine. Ed. Gege/Mameluco
LEMA. Carlos Rennó; Lokua Kanza. Ed. Gege/Direto
O PÁSSARO PÊNSIL. Carlos Rennó; Flávio Henrique. Ed. Gege/Direto
TODAS ELAS JUNTAS NUM SÓ SER. Carlos Rennó; Lenine. Ed. Gege/Mameluco
TODAS ELAS JUNTAS NUM SÓ SER – NÚMERO 2. Carlos Rennó. Ed. Direto
TODAS ELAS JUNTAS NUM SÓ SER – NÚMERO 3. Carlos Rennó; Felipe Cordeiro. Ed. Direto
TODAS ELAS JUNTAS NUM SÓ SER – NÚMERO 4. Carlos Rennó. Direto
TODAS ELAS JUNTAS NUM SÓ SER – FINAL. Carlos Rennó. Ed. Direto
LUD. Carlos Rennó; Flávio Henrique. Ed. Gege/Direto
CATERINA. Carlos Rennó; Cacá Machado. Ed. Direto
VERÔNICA. Carlos Rennó; Marcelo Jeneci. Ed. Direto/Pessoa Produtora
LUZIA LUZIA. Carlos Rennó; Jota Velloso; Guito Argolo. Ed. Direto
A LUA. Carlos Rennó; Felipe Cordeiro. Ed. Direto
SÁ. Carlos Rennó; Jorge Drexler. Ed. Direto
CANÇÃO PRA TI. Carlos Rennó; Ana Carolina; Moreno Veloso. Ed. Gege/Armazém/ZB Produções
PARTAS NÃO. Carlos Rennó; Lokua Kanza. Ed. Gege/Direto
BAIÃO PRA UMA BAIANA EM SÃO CAETANO. Carlos Rennó; Moraes Moreira. Ed. Direto/Warner/Chappell
NOVA TROVA. Carlos Rennó; Zeca Baleiro. Ed. Direto/Ponto de Bala
TE ADORAR. Carlos Rennó; Lokua Kanza; Nathalie Pilant. Ed. Gege/Direto
PRONTO PRA PRÓXIMA. Carlos Rennó; João Bosco. Ed. Gege/Zumbido
CORAÇÃO SEM PAR. Carlos Rennó; Pedro Luís. Ed. Direto/Astronauta Tupy
MUNDO EM EXPANSÃO. Carlos Rennó; João Bosco. Ed. Direto/Zumbido
NUS. Carlos Rennó; Arnaldo Antunes. Ed. Direto/Rosa Celeste
NÓS. Carlos Rennó; Sérgio Britto. Ed. Gege/Warner/Chappell
EU GOSTO DO MEU CORPO. Carlos Rennó; Paulinho Moska. Ed. Direto/Casulo
MAIS QUE TUDO QUE EXISTE. Carlos Rennó; Paulinho Moska. Ed. Gege/Casulo
TODAS LAS COSAS QUE ESTÁN EN EL MUNDO. Carlos Rennó; Paulinho Moska; Fito Paez. Ed. Gege/Casulo
MAR E SOL. Carlos Rennó; Lokua Kanza. Ed. Gege/Direto
SEXO E LUZ. Carlos Rennó; Lokua Kanza. Ed. Gege/Direto
MEU ABC. Carlos Rennó; Roberto de Carvalho. Ed. Warner/Chappell
CEIA DE NATAL. Carlos Rennó; Beto Lee. Ed. Gege/Abril
DOCE LOUCURA. Carlos Rennó; Marcelo Jeneci. Ed. Direto/Pessoa Produtora
COM VOCÊ, SEM VOCÊ. Carlos Rennó; Edu Krieger. Ed. Direto/Deck
EU PRA VOCÊ, VOCÊ PRA MIM. Carlos Rennó. Ed. Direto
MINHA PRETA. Carlos Rennó; Geronimo Santana. Ed. Direto
SO COOL. Carlos Rennó; Arrigo Barnabé. Ed. EMI Songs
EU VOU ESCREVER UM LIVRO. Carlos Rennó. Ed. Direto
PINTURA. Carlos Rennó; João Bosco. Ed. Gege/Zumbido
FOGO E GASOLINA. Carlos Rennó; Pedro Luís. Ed. Gege/Warner/Chappell
ESCRITO NAS ESTRELAS. Carlos Rennó; Arnaldo Black. Ed. Universal Publishing MGB
QUANDO EU FECHO OS OLHOS. Carlos Rennó; Chico César. Ed. Gege/Chita
NOSSOS MOMENTOS. Carlos Rennó; Arnaldo Black. Ed. Direto
SÓ. Carlos Rennó; Paulinho Moska. Ed. Direto/Casulo
ANTES QUE AMANHEÇA. Carlos Rennó; Chico César. Ed. Gege/Chita

LÁGRIMA. Carlos Rennó; Paulo Miklos. Ed. Direto/Warner/Chappell
DÓI... DÓI.... Carlos Rennó; Zeca Baleiro. Ed. Direto/Ponto de Bala
CISMA. Carlos Rennó; Vitor Ramil. Ed. Direto
HASTA! Carlos Rennó; João Cavalcanti. Ed. Direto/Humaitá
MILLE BACI. Carlos Rennó; Rita Lee. Ed. Warner/Chappell
SEGUNDA PELE. Carlos Rennó; Gustavo Ruiz. Ed. Gege/Warner/Chappell
AMANDO. Carlos Rennó; Roberta Campos. Ed. Direto
O LAÇO QUE UNE EU E VOCÊ. Carlos Rennó; Paulinho Moska. Ed. Direto/Casulo
SETA DE FOGO (A CANÇÃO DE TERESA). Carlos Rennó; Chico César. Ed. Direto/Chita
EU DISSE SIM. Carlos Rennó; José Miguel Wisnik. Ed. Direto
ESTETICAR (ESPINHA DORSAL). Carlos Rennó; Vicente Barreto; Tom Zé. Ed. Gege/Irará
TO BE TUPI. Carlos Rennó; Lenine. Ed. Gege/Mameluco
O ANTICLICHÊ. Carlos Rennó; Roberto de Carvalho. Ed. Direto
CANTO, LOGO EXISTO. Carlos Rennó; Glacia Nasser; Tiago Vianna. Ed. Gege/Direto
MEU NOME É GALÁXIA. Carlos Rennó; José Miguel Wisnik. Ed. Direto
A MINHA LÓGICA. Carlos Rennó; José Miguel Wisnik. Ed. Direto
EXALTAÇÃO DOS INVENTORES. Carlos Rennó; Luiz Tatit. Ed. Direto
OUTROS SONS. Carlos Rennó; Arrigo Barnabé. Ed. Gege/Atração
ÊH FUZUÊ. Carlos Rennó; Edu Krieger. Ed. Direto/Deck
À MEIA-NOITE DOS TAMBORES SILENCIOSOS. Carlos Rennó; Lenine. Ed. Gege/Mameluco
MUNDO PARALELO. Carlos Rennó. Ed. Direto
A EUROPA CURVOU-SE ANTE O BRASIL. Carlos Rennó; Arrigo Barnabé; Bozo Barretti. Ed. Gege/Atração; FX
CRISÁLIDA-BORBOLETA. Carlos Rennó; Tetê Espíndola. Ed. Gege/Direto
SUAÍ. Carlos Rennó; Livio Tragtenberg. Ed. Direto
A FÊMEA, O GÊMEO. Carlos Rennó; Aldo Brizzi. Ed. Gege/Direto
CHEIA DE GRAÇA. Carlos Rennó; Mário Adnet. Ed. Direto/Adnet Música
VÓ. Carlos Rennó; Vicente Barreto. Ed. Direto

Versões em português

A MOÇA MAIS VAGAL DA CIDADE (THE LAZIEST GAL IN TOWN). Cole Porter. Ed. Warner/Chappell
FAÇAMOS (VAMOS AMAR) (LET'S DO IT. LET'S FALL IN LOVE). Cole Porter. Ed. Warner/Chappell
EU SÓ ME LIGO EM VOCÊ (I GET A KICK OUT OF YOU). Cole Porter. Ed. Warner/Chappell
NOITE E DIA (NIGHT AND DAY). Cole Porter. Ed. Warner/Chappell
QUE DE-LINDO (IT'S DE-LOVELY). Cole Porter. Ed. Warner/Chappell
ENFIM, O AMOR (AT LONG LAST LOVE). Cole Porter. Ed. Warner/Chappell
FASCINANTE RITMO (FASCINATING RHYTHM). George Gershwin; Ira Gershwin. Ed. Warner/Chappell
Ó, DAMA, TEM DÓ (OH, LADY, BE GOOD!). George Gershwin; Ira Gershwin. Ed. Warner/Chappell
QUEM TOME CONTA DE MIM (SOMEONE TO WATCH OVER ME). George Gershwin; Ira Gershwin. Ed. Warner/Chappell
O BOBO E O BABACA (THE BABBIT AND THE BROMIDE). George Gershwin; Ira Gershwin. Ed. Warner/Chappell
TENHO UM XODÓ POR TI (I'VE GOT A CRUSH ON YOU). George Gershwin; Ira Gershwin. Ed. Warner/Chappell
BLABLABLÁ (BLAH, BLAH, BLAH). George Gershwin; Ira Gershwin. Ed. Warner/Chappell
ABRAÇÁVEL VOCÊ (EMBRACEABLE YOU). George Gershwin; Ira Gershwin. Ed. Warner/Chappell

UM DIA DE GAROA (EM SÃO PAULO) (A FOGGY DAY [IN LONDON TOWN]). George Gershwin; Ira Gershwin. Ed. Warner/Chappell
NÊGO (LOVER). Lorenz Hart; Richard Rodgers. Ed. Sony Music
MEU ROMANCE (MY ROMANCE). Lorenz Hart; Richard Rodgers. Ed. Universal MGB
QUERIA ESTAR AMANDO ALGUÉM (I WISH I WERE IN LOVE AGAIN). Lorenz Hart; Richard Rodgers. Ed. Warner/Chappell
ENCANTADA (BEWITCHED, BOTHERED AND BEWILDERED). Lorenz Hart; Richard Rodgers. Ed. Warner/Chappell
FRUTA ESTRANHA (STRANGE FRUIT). Lewis Allan. Ed. Warner/Chappell
SÁBIO RIO (OL' MAN RIVER). Oscar Hammerstein II; Jerome Kern. Ed. Universal MGB
TÃO FUNDO É O MAR (HOW DEEP IS THE OCEAN). Irving Berlin. Ed. Universal MGB
MAIS ALÉM DO ARCO-ÍRIS (OVER THE RAINBOW). E. Y. Harburg; Harold Arlen. Ed. EMI Songs
A CANÇÃO DE NANA (NANNA'S LIED). Kurt Weill; Bertold Brecht. Ed. Schott Music Corp. (direitos reservados)
UMA LENDA DO RENO (RHEINLEGENDCHEN). Gustav Mahler. Domínio Público

Versões em inglês:

STAR-FILLED NIGHT (NOITE CHEIA DE ESTRELAS). Índio. Letra em inglês de Carlos Rennó e Charles Perrone. Domínio Público
MOTHER'S HEART (CORAÇÃO MATERNO). Letra em inglês de Carlos Rennó. Ed. Mangione
THE TRAGEDY OF ANGELICA (O DRAMA DE ANGÉLICA). Letra em inglês de Carlos Rennó e Fernando Lopes Dantas. Ed. Fermata

Créditos Editoriais

Astronauta Tupy Edições Musicais Eireli (Administrada por CQ Rights)
Atração Produções Ilimitadas Importação e Exportação Ltda.
Deck Produções Artísticas Ltda.
Chita Edições (Administrada por Deck)
Abril Edições (Administrada por Deck)
Dubas Música Ltda.
Dueto Edições Musicais Ltda.
Mameluco Edições (Administrada por Direto/Dueto)
Trama Edições (Administrada por Dueto)
Irará Edições (Administrada por Dueto)
FX Edições (Administrada por Dueto)
Editora e Importadora Musical Fermata do Brasil Ltda.
EMI Songs do Brasil Edições Musicais Ltda.
Gege Edições Musicais Ltda.; Preta Music (EUA & Canadá)
Humaitá Edições Musicais Ltda.
Adnet Música (Administrada por Humaitá)
Indiomusic Produções Musicais Ltda. (Administrada por CQ Rights)
Mangione e Filhos & Cia. Ltda.
SIGEM. Sistema Globo de Edições Musicais Ltda. (Som Livre Edições Musicais)
Pessoa Produtora (Administrada por Som Livre Edições Musicais)
SM Publishing (Brasil) Edições Musicais Ltda. (Sony Music)
Armazém Edições (Administrada por Sony Music)
Casulo Edições (Administrada por Sony Music)
Zumbido Edições (Administrada por Sony Music)
Universal Music Publishing MGB Brasil Ltda
Rosa Celeste Edições (Administrada por Universal Publishing MGB)
Ponto de Bala Edições (Administrada por Universal Publishing MGB)
Warner/Chappell Edições Musicais Ltda.
Verde Edições (Administrada por Warner/Chappell)
ZB Produções Artísticas Ltda.

Liberações Autorais:

Maria Creusa Meza e Tânia Nezio

para ouvir as canções gravadas, acesse:
www.carlosrenno.com

para ouvir as canções do álbum digital *Miscelânea*,
instale e abra em seu celular um aplicativo de leitura
de códigos QR e aponte a câmera para o código associado
à música que deseja ouvir.

Este livro foi impresso na cidade de São Paulo,
nas oficinas da MarkPress Brasil, em setembro de 2018,
para a Editora Perspectiva.